発達系女子とモラハラ男

傷つけ合う
ふたりの処方箋

鈴木大介

漫画
いのうえさきこ

晶文社

装画　いのうえさきこ
ブックデザイン　鈴木成一デザイン室

まえがき

この10年は、良くも悪くも「発達障害ブーム」でした。今までだらしないとかやる気がないとか人の話を聞かないとか、本人の性格や努力不足や自己責任の文脈で語られてきたことの多くの背景に、障害特性がある。そのことが明らかになって、救われた当事者も多いことでしょう。

発達障害特性を抱えて育ち、大人になるまで。発達障害だから活躍できた僕。発達障害の子どもを育てて。発達障害でも苦しまずに生きる方法。発達障害のパートナーとの関係に病んで……。

これまで様々な視点の書籍が出版されてもいる中で、本書は一言で言ってしまえば、発達系女子（発達障害特性を持つ女性）及び、そうした女性と共に暮らす男性パートナーをターゲットにした1冊です。

類書としては、発達系男子と共に生きる女性（主に）が、その関係性構築の難しさから起こすカサンドラシンドローム（カサンドラ情動はく奪障害）にまつわる一群の本がありますが、本書はその逆のパターンを想定しています。

実際、発達障害特性を持つ者と定型発達者が共に暮らすのは、それなりに大変なことです。


片付けられず、放っておけば足の踏み場も無くなる部屋。

分担とは無縁のワンオペ家事。

興味ごとが変わるたびに無駄に増える謎のコレクション、浪費癖。

通じない会話。読んでもらえない空気、察してもらえない気持ち。

守られない約束。

続かない仕事（そもそも働こう、稼ごうとする意思が無い）。

共有できない将来設計。

延々と増え続ける定型発達サイドの負担……。

書き出していたらキリが無い。

が、ここで思うのは、障害特性を持つのがパートナーの男側なのか、女側なのかによって、問題の様相が変わってこないだろうか、ということです。

あくまで傾向に過ぎない。けれど、発達系男子と定型発達女子の関係性では女性の側が被害的立場に追い込まれがち（カサンドラシンドロームが典型例）なのに対し、発達系女子と定型発達男子の関係性では、発達系女子の側が被害的、定型男子がモラハラ的な言動で加害側に回るようなケースが多いのではないかと思うのです。

実は恥ずかしながら、我が家もその典型でした。

僕には、発達系女子のど真ん中を行く妻がいます。御年41歳、子ども無し。働く意思も無く自発的に家事をするでもなく、テレビと猫とゲームにまみれて家から出ようともしないプチひきこもりの妻……。交際とほぼ同時に同棲開始してから22年、結婚してそろそろ18年経ちますが、我が家もご多分に漏れず、多くの問題を抱えてきました。

どうして妻は何もやってくれないのだろう。せっかく一緒に暮らしているのに、どうして僕ばかりが働いて家事もして、僕ばかりがこんなにつらい思いをしているんだろう。

積もり積もった気持ちを叱責や暴言というかたちで妻にぶつける中、手こそ挙げないものの、それはモラハラの文脈を超えて立派な精神的ＤＶになっていきました。

けれどそんな時、僕にとって最もつらかったのは、妻が何を言ってもお願いしても一向に変わってくれようとしないことではなく、僕自身が好きで一緒になったはずの大事な妻を追い込んだり傷つけたりしてしまうことだったのです。

加害しては自分を嫌いになり、謝る。けれど謝った理由は自分の加害的な言動に対してであって、本来自分が怒った理由である妻の行動は変わらないから、釈然としない。そして、また加害を繰り返す。

叩いた後に謝って、また叩くを繰り返すなんていうのはもう、絵に描いたような典型的DV夫の姿でしょう。加害の肯定は絶対にしてはなりませんが、叩く側にも苦しさが積もります。

けれど我が家では、その苦しい関係性が「あるきっかけ」を境に、ガラッと激変したのです。


そのきっかけとは、僕自身が脳梗塞を起こし、その後遺症として高次脳機能障害という、発達障害と障害特性が非常に重複する障害の当事者になったことでした。関係性が激変したのも、当たり前でした。

なぜなら、自身が当事者になることで、これまで僕が妻に対して「やらない」「やろうとしてくれない」と感じて責め立ててきたことの大半が、妻にとって「障害特性でやれない」「やろうとしてもやる機能が損なわれている」だったと知ったから。

なんのことはない。何もしてくれない妻の被害者面をしていた僕は、いわば片足が無い人に「なんで両足で歩こうとしないの？　それじゃ遅くて困るんだけど！」と責めるに等しい、とんでもない加害夫だったのです。

と気付いた一方で、ではこの気付きを僕のように「パートナーと同じような障害当事者になる」以外の手段で再現することはできないか。そう考えると、う〜むと唸ってしまいます。

なにしろ、発達障害にせよ高次脳機能障害にせよ、その障害は外から見てパッと分かるものではありません。さらに、その障害特性からやれなくなることが、定型発達の人間にとってあまりに「無意識に当たり前にできていること」ばかりで、「どうして？」と首をひねるようなものばかりなのです。

例えば妻と僕に共通する障害特性として、立ち食いそば屋の券売機の中から希望のメニューのボタンを探すのにめちゃめちゃ時間がかかるというものがあります。たくさんのメニューボタンという「多くの情報量」の中から欲しいメニューのボタンという「特定の情報」を探し出すことが難しいのです。

それはもう、定型発達脳だった頃の僕には、想像もできないような「やろうとしてもやれない」でした。

かつての僕にとって、券売機の特定のボタンを探すというタスクなど、「黒い皿の中にある白いボタンをつまんで出しなさい」程度の容易なものでした。ところがいざ妻と近しい仕様の脳になってみれば、それは「白い洗面台いっぱいに入っている白いボタンの中から１㎜欠けた部分のある白いボタンを探しなさい」レベルの難易度と困難度を感じさせるものだったのです。

もう、どこを見ても白いボタンばかりザックザック入っている中、それこそ全部のボタンを一つずつ並べて見比べでもしなけりゃ、欠けたボタンなんか探せない。けれど後ろに人は並ぶし、横からうるさいこと言う夫もいるし、こんなんやってられるか！

これが、僕自身が非定型な脳になって知った、妻たち障害特性のある者たちの世界。けれど一方、「こんな不自由、自分がなってみなきゃ分からんわ！」というのも、僕の本音なのです。

このギャップ、どうしたら埋められるだろう……。どうしたら、僕ら夫婦の間に起こったことを、再現できるだろう。実は、僕らふたりの出会いから家庭改革への経緯を描いた前著『されど愛しきお妻様』（講談社・２０１８年）では、刊行後に読者や書評子の方々から「奇跡の夫婦の物語」といった、有難いようで全然よろしくないご感想を続々いただいてしまいました。奇跡＝再現性が無いこと。これはまずいです。

前述したように、僕たち定型男子は発達系女子と暮らす中で相手を傷つける加害的立場に陥りがちです。そして僕はかつてのＤＶ夫として、発達系女子を好きになって一緒になってみたものの、生活がたちゆかなかったり日々ストレスを抱え続けたり、何より大切なパートナーを傷つけてしまうことがどれほど苦しいことなのか、痛いほど分かります。ＤＶを肯定するつもりは絶対にないけれど、僕らがなぜ加害に追い込まれてしまうのかも、嫌というほど分かるのです。

ということで本書では、前著の反省も込めて、改めて僕という高次脳機能障害の当事者感覚をフィルターに、妻たち発達系女子の世界を翻訳してみようと思います。あくまで僕が理解できた僕の妻のケースでしかありませんが、そこには多くのパートナー間に応用できる一定の普遍性があるはず。そんな見地で、彼女らにとって何が苦手で、できないことがどのような感覚で、どうすれば家庭内でその苦手や不自由を解消できるようになるのかを徹底的に考察してみようと思います。

なお、僕が障害当事者になって、妻の理解と家庭内でお互いに困ったり苦しんだりすることが無くなるには4年以上の改革期間を要しましたが、その過程は決して苦しさを伴うものではありませんでした。むしろそれは、お互いの理解を深め、僕自身が妻の何に惹かれ、何を魅力に思っているのかを自ら問い直す、パートナーシップの醍醐味に満ちた日々だったと思います。

テーマは発達系女子もパートナーも、双方が楽になる「読む薬」の1冊。いままさに相互理解の困難と苦しさの渦中にある発達系女子×定型男子のふたりへ、この本をお贈りしたいと思います。楽になりましょう！

※発達障害当事者と定型発達者が双方で傷つけ合う姿は、当事者の男女を問わずパートナーシップ形成の場や、当事者の子どもと親の関係、職場関係などでも、ありふれたものかもしれません。そんな中で本書のテーマを発達障害当事者の「女性」とのパートナーシップに限定する理由は、僕自身がヘテロセクシャルの男性であることに加え、日本の家庭やパートナーシップにおける発達系女子の困難の多くが「この国のジェンダーロール」に起因する部分が多く、男性当事者をパートナーにする場合と困りごとの形が大きく異なってくると僕が感じているからです。

別のケースでの関係性改善の1冊は、またその当事者や関わる方々が描いてくださることを望みます。

発達系女子とモラハラ男

目次

第1章

されど愛しき発達系女子

ピチュ
ピチュ
むくっ
ちゃっ
おはようございます
鈴木大介です
発達系女子（妻）と
共に暮らして
20年が経ちました
く〜
ぐちゃ
く〜
……………
く〜
さておき
唐突ですが鈴木
発達系女子は
モテ属性
実はめちゃくちゃ
魅力的な人々だと
思ってます

妻との出会いは
22年前――
僕が25歳 妻が19歳
都内某プロダクション
（ブラック）にて
うう…全然
間に合わない
若き日の鈴木
カチ カチ カチ カチ カチ カチ カチ
もう今日で
1週間連続
泊まりなのに
……
そろそろ
みんなの気力も
限界……
もうろう…
ばーーん!!
はい
おはよー
…はよー
ございます
社長…
ざいます
……
うわ～
せっけんの香り
どう？
調子は!?
何ページくらい
入稿できそ？
アハハハハ
…まだ
見通しが
立たなくて
ちっ
（…ちっ？）
舌打ち!?
――って…
あれ～？
今なにか
聞こえた
よーな…
えー？
そーです
かあ～？
フルフル
聞かなかったフリ
…
今お前が
舌打ちしたの
社長なんスけど
（キレキャラの）
犯人。

これがのちの妻
けっ
彼女の第一印象は
〝規格外の子〟
だった……
ドダダダダ
コラ
会社の中
走るなっ
つってんだろ!!
できましたっ
スチャッ
ハイ
やり直し
上司
バババ
えっ
上司
あいつ
どこ行った!?
こうせん
知りませーん
4時間後
へーぜん
屋上で
タバコ吸ってたら
寝落ちしてました
そもそも
屋上出禁
だろ!?
上司
屋上に出る
ドアは
施錠されて
ますし…
あいつここから
登ったの!?
上司

後にこの窓も管理人によって施錠されることに
千夏禁止
あんなんはられてる…
今日残業だし新しくできたあのレストラン行かない!?
きゃいきゃい
あっねえ千夏もどお?
行かない
今日はミスドな気分
あ…
そう…
群れない
ガシャーン
会社の経費使い切ってガシャポンやってくるヤツがどこにいるー
…
まじかー
オイオイ
ここに
ガミガミギャー
……
そう
なんか…あいつ…
かっこよくね…!?
…きゅううう
妻はひたすら規格外でかっこいい女だった!

ああ思い出すのは
高校時代のM先輩
おはようございまス
Y先輩!!
……おうっ
ピリ
ピリ
こえー
試験前のパイセン
まじこえー
しゃーー
ちりん
ちりん
ちりん
ちょっときこえる
あ
高校時代の鈴木
M先輩!?
どどどこ行くんスか!?
その格好……
キキー
ギター?
お
海
ビーサン?
……はい?
海…
試験前なのに…?
……
…
試験前だから♡
冬なのに
……?
くそさみ～
ゲラ
ゲラ
じゃービーサンやめろや
あはははー
つっこみ
じゃーねー

M先輩
かっけェー
あんなふうに生きてみてェー
思うけど…
ムリっしょ…
そう
Confusion
ひゃっは—
とことん裏表がなく
あらゆるルールに縛られず
周囲の目も評価も
気にせず生きたいように
生きていたM先輩…
思えば出会った
当時の妻
「すごいヤツ」
という印象も
あった
あいつ何なの？ 最近
遅刻しないと思ったら
編集長にモーニング
コール頼んでるって
ヒソ
ヒソ
ハア？
何それ⁉
ヒソ
つーか
あの子だけ一般募集
じゃなくて編集長の
推薦採用なんでしょ？
ごしゃ
ちょっ
やめーー
よっ
やってるか—
ごしゃ
19歳にして
謎の人脈
へー
ハウゼン
好きなんだー
ニコ
へー…
ハハッ
好きな映画が
ハリーハウゼンとか
それ言いたいだけの
サブカル女かよ
いるよね
あーいうの

いやもう
ハウゼン
まじクレージー
なんだよ!!
邦画のモデルアニメーションとか俳優とか人形カラー合成すると色温度変化で人形の目の色が変わるけどハウゼンは独自のフィルターでうんたらかんたら
ニワカじゃなかった…
どーたら
…じゃ音楽とかも古いのカバーしてる感じ？
X JAPAN命!!
フーカV盤命!!
しゅばばばっっっ…
1979年生まれ……
レトロゲーからハウゼンからX-JAPAN…
なんなの!? お前
通常運転え
カチ
カチ
ほんとすごかったよな～あの頃の妻は……
—そして現在
おはよ～～す
おはよ
もう夕方だけどな…
カチ
カチ
カチ
カチ
ミャー
ミャー
ミャ～

ちょっと聞きたいんだけど
ん？
ニャー
ニャー
ニー
君と出会った頃ってバンギャ界隈とかコスプレ界隈とかコミケ界隈とかもう全方向で有名人とつながってたじゃん？
あー
俺内心こいつすっげえなって思ってたんだけど
あれ何で？
んー
ナ～
それはだな
あたしが諦めてたからだと思う
うん
え
あたしって小さい頃はみそっかすでさ
鬼ごっこする人ー
やるやるー
最初はグーじゃんけん…
ポン！！

あちゃー
あたし鬼だー
待って
ちーちゃんが最初に鬼って…ねえ…
あ…そっかー
そだね
え
必殺！同い年の子ども達からハンディキャップをもらえる子
じゃっもいっかいじゃんけん!!
……
授業中も
じゃあ2人1組になってくださーい
ピピピーー
ワー
ワー
キャー
あ…
千夏さんは先生と組もうね!!
ぽつん…
…イヤだ
こんな扱いイヤだ!!
あたしフツーの子だもん
ぐしゃ
じしゃ
あの子知ってる！地元の公文教室で4年生なのに幼稚園の子と一緒に課題やってた子
クス
クス
クス
マジー？
高学年で足し算に指使うー？
ないよねー
ひー…
ふー…
……!!
がんばるもん

――とか言われつつも頑張りまくって私立中高一貫女子校に合格した妻!!
よーし!!
これであたしも中学デビュー
制服もかわいい♡
…だったのだが
ちょっと千夏いーかげんにしなさい!!
ゆさゆさ
電車でたった2駅なのよ!? なんで起きられないのー
ゆさ
起きられないもんは起きられんのじゃ〜
で…行ったら行ったで…
がしっっっ
ちょっとあなた!!
ぼさっっ
こんなんでよくこの学校入れたわね
クスクスクスクス
…ハア
あなたこのままだと全学年で遅刻数ナンバーワンよ!?
…ハア
そのまさか妻は6年間通して全学年遅刻数ナンバーワンを樹立!
学校しんどい…
ガタン…
ガタン…
ガタン

学校行かずに海に行ってゲーム三昧
聖剣伝説10周目…
ザザ…
家でも学校でもダメな子あつかいでやってられっか
——でまあ当然怒られるわけ
だろうな…
プチ家出して神宮橋の上でバンギャライフを謳歌!
※神宮橋はヴィジュアル系の聖地
コミケの壁際サークルでコスプレしながら売り子してたら
やっすいよやっすいよ
あの子かわいー
安くないっ!!
ナミのクオリティ高い!!
流れで本格的にコスプレイヤーデビューして大手サークルの売り子へと
——てな感じで結果的に年上の人脈が広がっただけだよ?
ざっくり
でもそれができるヤツとできないヤツがいるだろ?
あっさり言ってるけど
そお?

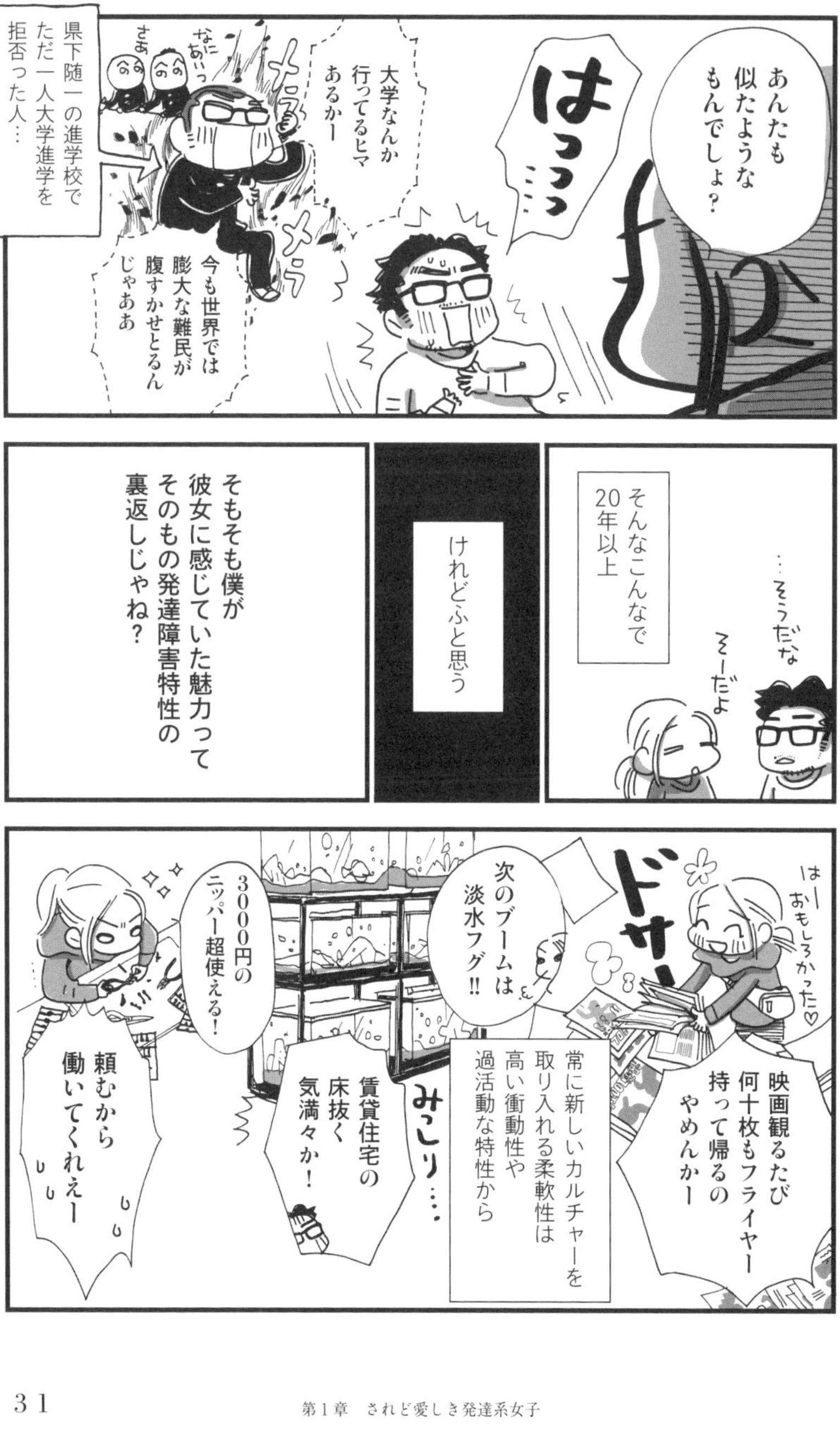
あんたも似たようなもんでしょ？
はっっっ…
大学なんか行ってるヒマあるかー
今も世界では膨大な難民が腹すかせとるんじゃあぁ
メラ
メラ
なにあいつ
さあ
県下随一の進学校でただ一人大学進学を拒否った人…
…そうだな
そーだよ
そんなこんなで20年以上
けれどふと思う
そもそも僕が彼女に感じていた魅力ってそのもの発達障害特性の裏返しじゃね？
はーおもしろかった♡
ドサー
映画観るたび何十枚もフライヤー持って帰るのやめんかー
常に新しいカルチャーを取り入れる柔軟性は高い衝動性や過活動な特性から
次のブームは淡水フグ!!
みっしり…
賃貸住宅の床抜く気満々か！
3000円のニッパー超使える！
頼むから働いてくれえー

春の森をお散歩すれば…
杉花粉ボンバー!!
ヤーめーてーエエエ
ボボボボボ
見て大ちゃん！セミの抜け殻！
小学生男子ですか!?
ホーホケキョ
ホーホケキョって翻訳したら「セックスさせろ」だよね…
キミとおると1km歩くのに20分かかるわっ
けどめっちゃ楽しい！
注意障害＝いろいろ発見力
加えて
……
NO-MEN
あ こんにちはー
……こんにちは（棒）
…
アラ…
こんにちは
お前って本当キャラの使い分けとかないよね
ヒソ ヒソ
んなことできるほど器用じゃない
……すがすがしいほど嘘がつけない
これも障害特性!?
なに？
どちゃっ
お前ね～～新しい趣味始めたら新しい道具しまう場所作らなきゃこうなるに決まってんだろ！

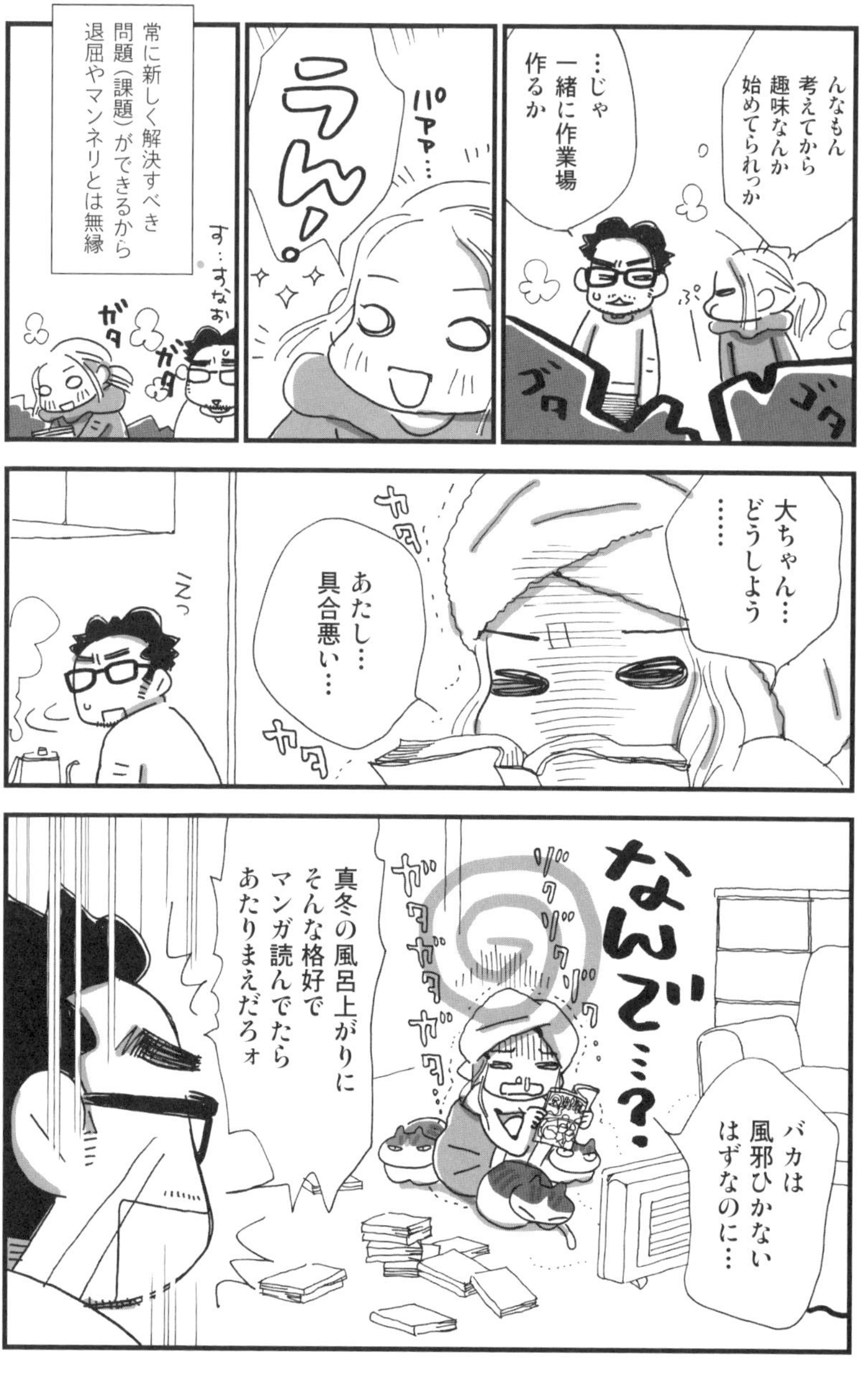

んなもん考えてから趣味なんか始めてられっか
ぷ
ゴタ
ゴタ
…じゃ一緒に作業場作るか
パァァ…
うん！
常に新しく解決すべき問題（課題）ができるから退屈やマンネリとは無縁
す…すなお
ガタ
ガタ
大ちゃん…どうしよう……
あたし…具合悪い…
カタ
カタ
えっ
なんで？
ゾクゾクゾクゾク
ガタガタガタガタ
バカは風邪ひかないはずなのに…
真冬の風呂上がりにそんな格好でマンガ読んでたらあたりまえだろォ

はーー。。。
ごはーん
たまごがゆ しみる～～♡
むむむ……
必殺！ 俺が放っておいたら こいつ絶対 のたれ死に
ああ
必要とされてる、感ーー！
ごはーん
そもそも
もし僕が 「良妻賢母さん」 と一緒に なっていたら…
ちょっと あなた!!
バイクいじった オイルまみれの手で 家入ってこないで って言ってるでしょ
くさい！汚い！
良妻
趣味のない 男なんか つまんねー
やるなら とことんやんなっ
賢母
大体いつまで フリー記者なんて 危なくて金になんない 仕事続けてん のよ
子どもだってこれから お金かかるのに！
金なんか貯めたって 死んだあと使えるでもなし
あたしはあんたと 生活できるなら 多少貧乏でもいいよ

僕もたいがい「立派な大人」とは言えない大人
そろそろ晩メシにするか…
電車嫌いゆえ自営
バイク好き過ぎて9台同時所有
冠婚葬祭以外はノーネクタイ（ていうか嫌い）
良妻賢母と一緒になってたら小言三昧でハゲてたかも…
ぐつぐつぐつ
妻と暮らしていて思う「普通の女性」と「発達系女子」の差は
こんなイメージ!!
定型女子
不定型発達（発達障害）
管理者にムダなくメリこまれた枝
整った花
素直にのびる幹
手におえない成長
しゃーーっ
なんか分かんないけど…惹かれる!!
自由すぎるっ
なにこれ
どれが枝？どれが幹？
これってモテ力ですよね？
発達障害特性ってモテ要素ですよね？
え……そう？…

だが
しかし
発達障害の特性は
朝寝て夕方起きる
着替えない
働かない
家事一切しない
約束守らない
話がいまいち通じない
謎の浪費癖
自宅警備員
家庭内で爆発的に障害化する……!!
イラッ
やってられっかぁ〜〜〜〜!!
ガシャー

仕事も家事も何もかもワンオペで
ぬるああああああああ
……
だいたい何なのアンタ
フジコフジコフジコフジコフジコフジコ
だって……できないんだもん…
……しょうがない…じゃない
俺だって好きで怒ってるんじゃない
大好きな妻のことを責める自分が嫌いだ
でも…でも…
限度ってもんがあるだろ～～!?
くすん…
結局自分でそうじする…
ずっと被害者面していた僕だったけど本当は
パラサイト妻 VS ワンオペ家事夫
障害を抱えた妻 VS 精神的DV夫
だったんだ…

妻と一緒になって16年……
そう気付いたのは2015年 脳梗塞を起こした僕が「高次脳機能障害」という発達障害に非常に近い障害の当事者になったことがきっかけ…
ほげーー……
ど…どうしよう…オレ…
ん？
購買行ったら店員さんに言われた金額を小銭数えてる間に忘れちゃって…
いちまい…にまい…さんまい…… アレ？いくらだっけ？
………
……
パニック!!
これでっっっ
なにコレ!?
あーー 分かるー
「カードありますか」とか
「お箸つけますか」とか
店の入り口のチャイムが鳴ったりとか
そういう瞬間に頭の中からお会計の額がふっ飛ぶんでしょ？
マジ!? なんで分かんの!?
そーなのっっ
逆に言いたい

あんたようやく
あたしの気持ちが
分かった？
高次脳機能障害とは
後天的な発達障害と
いってもよい障害
ドカー。
キャー
脳外傷や脳卒中
などで脳神経細胞が
壊れたことで起こる
記憶や認知の障害だ
カチッ
カチ……
カチ……
ただし「治らない」
といわれる
発達障害に対し
高次脳機能障害は
時間をかけて
障害特性が緩和する
……
カチ
カチ…カチ……
……カチ
フー……
……
くるっ
スチャッ

きみらスゲエ！
ほんとよく
この脳の仕様で
今まで生きてきたな
ていうか
この世とか
無理ゲー
過ぎんだろ
この世を作ったの誰だボケがっっ
うわんっっ
うわあああん
難易度設定
間違ってん
だろ⁉
今なら分かる
発達障害特性を持ちながら
この世界を生きる妻たちが
どれほど大変な思いを
していたのか
ここからは僕の味わった
「異世界体験記」にちょっと
お付き合いいただきたい
その前に
なんか言うこと
ないんかい！
ゴメン…
に
別に謝んなくて
い〜けどねっ
（あまのじゃく…）

第2章

不自由な脳で生きる異世界

ということで
彼岸《あのよ》
ゆ〜ら ゆ〜ら
此岸《このよ》
ぼー……
妻たち発達障害の
当事者に非常に似通った
障害を抱えながら改めて
この世を体験した僕……
ゆ〜ら… ゆ〜
テキパキ
ちゃちゃっと
ぼ……
……
サクサク
どんどん
バンバン
どーん…
ヨロ…
おせーぞ大ちゃん!
まだこの世にゃ慣れてないもんでのォ…
あたしゃ生まれつきこの世界だからわからんけど
そんなに不便?
……むしろ無理ゲー
キャー バリバリ
ガウガウ
ガンガン
ゴゴゴゴゴ…

易疲労
（脳疲労）
ワーキングメモリ
ゴゴゴゴゴゴゴゴゴゴ
注意障害
ゴゴゴゴゴ
ここからは
妻と僕に大きく共通する
「三つの障害特性」によって
どんなことが起こるのか
当事者目線で
解説してみよう
ゴゴゴゴゴ
ゴゴ・・・・

再びここは
僕の入院する
脳外科病院
ふぅ ふぅ
ぴょこ ぴょこ
はっ……
ヤバい!!
あの看護師さんだ……!!
あの看護師さん
とは
こういう
看護師さんなのだが
僕はこの看護師さんに
会うとなぜか
乳と
ほくろに
ロックオン
してしまうのだ
——!!
イヤァー
ボクって
変態!?

キモいのは分かってる…
ぺたっ
巨乳
なのに
ぺたっ
ほくろ
じぃぃぃ…
巨乳
乳とほくろから視線がはがせない
じぃぃぃ…
ほくろ
巨乳
まるで
視線がゴリラグルーで接着されたよう…
米国No.1強力瞬間接着剤ゴリラグルー!!
このゴリラグルー化が
取れないっっ
ぐぃ
ほくろ
巨乳
ぐぃ
ばた
じた
注意障害……だと!?
キモい
ヤバい
ええ それ注意障害のひとつです
鈴木さんの場合は半側空間無視といって特に左側の注意力が落ちて右の注意力が亢進《こうしん》してるため
右の視界で注意を引く情報に視線が固着しちゃうんです
僕はおっぱいほくろマニアだったのか…
無視ゾーン
キラキラゾーン

これは私にも強く共通する特性!
軽く、もしくは一時的に共通する特性
鈴木さんに残ってる障害特性はざっとこんなっスね
か…軽く言うっスね……
＊注意障害
＊記憶障害
（作業記憶＝ワーキングメモリの低下）
＊易疲労《いひろう》
＊遂行機能障害
＊マルチタスクの困難
＊脳の情報処理速度（思考速度）の低下
＊光や音に対する感覚過敏
＊覚醒度の低下
＊半側空間無視
＊構成失行
＊感情失禁・易怒（感情の脱抑制）
私にはない特性
ズラ
ズラ
ズラ…
ズラ…
どれもこれも発達障害の特性でよく聞く言葉
けど…思ってたのと全然違う…
病前の僕は注意障害＝気が散る程度で理解してたけど…
そんな生やさしいもんじゃなかった…
第1話
実録！注意障害のリアルな当事者感覚とは!!
キャアアア……
ブロロー!…

本来人は
不要な情報を
「意識せずとも無視」
できる
Kudanshita
Ichigaya
池袋
Ikebukuro
50
必要な情報
看板
音
友
看板
何かの音
なので情報が氾濫する
街中を安全運転
できている
リアル注意障害その1
その時いらん情報が
頭に入ってくる
ん
HOTEL
ばん
お股貴族
「お股貴族」!?
お股が貴族って
それどんな!?
ギャー!
鈴木っっ!!
前見て前っっ
友
ぎゅいーん
きゃー
お股は
たてロール!?
知るかあああ
友
リアル注意障害その2
いらん情報に
注意がへばりつく!

リアル注意障害その3
いらん情報の処理が
必要な情報処理を
脳から押し出す
定型発達の脳なら
見るのをやめようと思えば
すぐやめられるが
注意障害の脳は注意が
はがれないはがすまでに
タイムラグがある
この先300m
50
……。
ブロロー!!
セルフ
24H
レギュラー 135
ハイオク 145
軽油 115
…もう
お前の助手席
乗りたくない…
すまない…
友
…どれ
押せばいいのか
分からない…
えっ
友
健常脳のときは
ごく普通に
使っていた
操作パネルが…
いきなり
こうなる!!
パニック
何からやれば
いいのおー
目に入る
情報が
すべて均等の
大きさ
特定の情報を
探せない
軽油 満タン
ハイオク 満タン
ガソリン 満タン
CARD
現金
カード
EASY PAY
CARD
ご利用いただけません
レシート取出口
紙幣投入口

それは電車を使っても同じ状態で…
トイレが……
トイレが
トイレが見つからないのオオオ
こんな…こんな無理難題を…
注意障害とかカンタンな4文字にまとめてんじゃねエエエエ
第2話
実録！ワーキングメモリの障害リアルな当事者感覚とは！
キャアアア……
ワーキングメモリ（作業記憶・短期記憶）が悪い
発達障害でもよく言われる記憶障害だが「忘れやすい」というより「記憶が凄まじい速さで消える」「瞬間で飛ぶ」という方がしっくり来る
次の会議なんですが…
打ち合わせ中
10月23日の15時にこの場所でどうですか？
10月23日…15時……
カチカチ
ちゃっ

消えた……
……で何日って……？
だから10月23日の15時に…
23日！15時！
がばっっっと
あ！24日朝イチでもいいですよ
ぐいっ
23日15時
そしてせっかく憶えているときに余計な情報が加わると…
24日朝イチ
ぽぽーーん…
23日15時
瞬殺で消える
ギャー
ハラタツ
自分に…
鈴木さん!?
これがワーキングメモリの障害
ごめん…ここに書いて？
直接書いてくれれば消えないし
？・？・？
あたしに言うなよ
ひーーん
こんなの聞いてない

フーか
注意障害とワーキングメモリの障害あると人の話聞き取れなくない？
聞き取れないよ
聞いてないのかと思ってた……
聞こうとしても聞き取れないいんだってば
注意や記憶の障害を持つことで僕が初めて知ったこと
福祉課
12番の方どうぞー
それは脳が処理する情報には耳で聞く文字や言葉だけでなく「脳内の思考や記憶」もあるということだった
人の話を聞いていても
ペラ
…………でお医者さんの方からカンタンな書式に記入していただいて
記憶力や判断力の判定を内容とした認知機能検査を受けていただきますが
ペラ
ペラ
ペラ
ペラ
ペラ
場所は75歳以上の高齢者が検査を受ける窓口と同じ6番ですので9時半までに
……
75歳以上の高齢者？
ぺたっ

認知機能検査は
検査員の説明を受けながら
検査用紙に受験者が
ペラ
ペたっ
え？
認知機能検査？
ペラ
ペラ
〜〜〜〜〜〜
〜〜〜〜〜〜
〜〜〜
〜〜〜
ペラペラペラペラ
てかこいつ
なんでこんなに
早口なの!?
不親切
イラッ
75歳以上の
高齢者
ぺたっ
こいつなんで
こんな早口で
不親切ッ
ッ
いったん枝葉や
感情がゴリラグルー
されてしまうと
どうでもいい枝葉
75歳以上の
高齢者
意味を
考えてしまう用語
認知機能
こいつなんで
不親切早口で
感情
話の中身は
聞いた先から
消えていく…
最悪なのが
こいつなんで
こんな早口で
不親切ッ
医者の
言ってることと
ちがう
困る
「怒りや苛立ちの
マイナス感情」に
注意がゴリラグルーすると
それ以外にやるべき情報処理を
すべて邪魔してしまう

あっ…
あのっ
えっ はい
(何言ってるか分かんないので)帰ります
え
ぴゅーー
鈴木さん!?
…この脳めっちゃ疲れやすくない?
ぐったり…
そりゃ要らん情報とか片っぱしから処理する仕様の脳みそだからな
うん…それもそうなんだけど
一度イラついたとことかに注意がゴリラグルーでずっと考えちゃう…めちゃ削られるし
それな!!
「脳のエネルギー」の感じ方が以前と違う
俺身体が疲れることは知ってても脳が疲れるとどうなるか知らなかった…
第3話
実録! 易疲労
リアルな当事者感覚とは!
キャアアア……

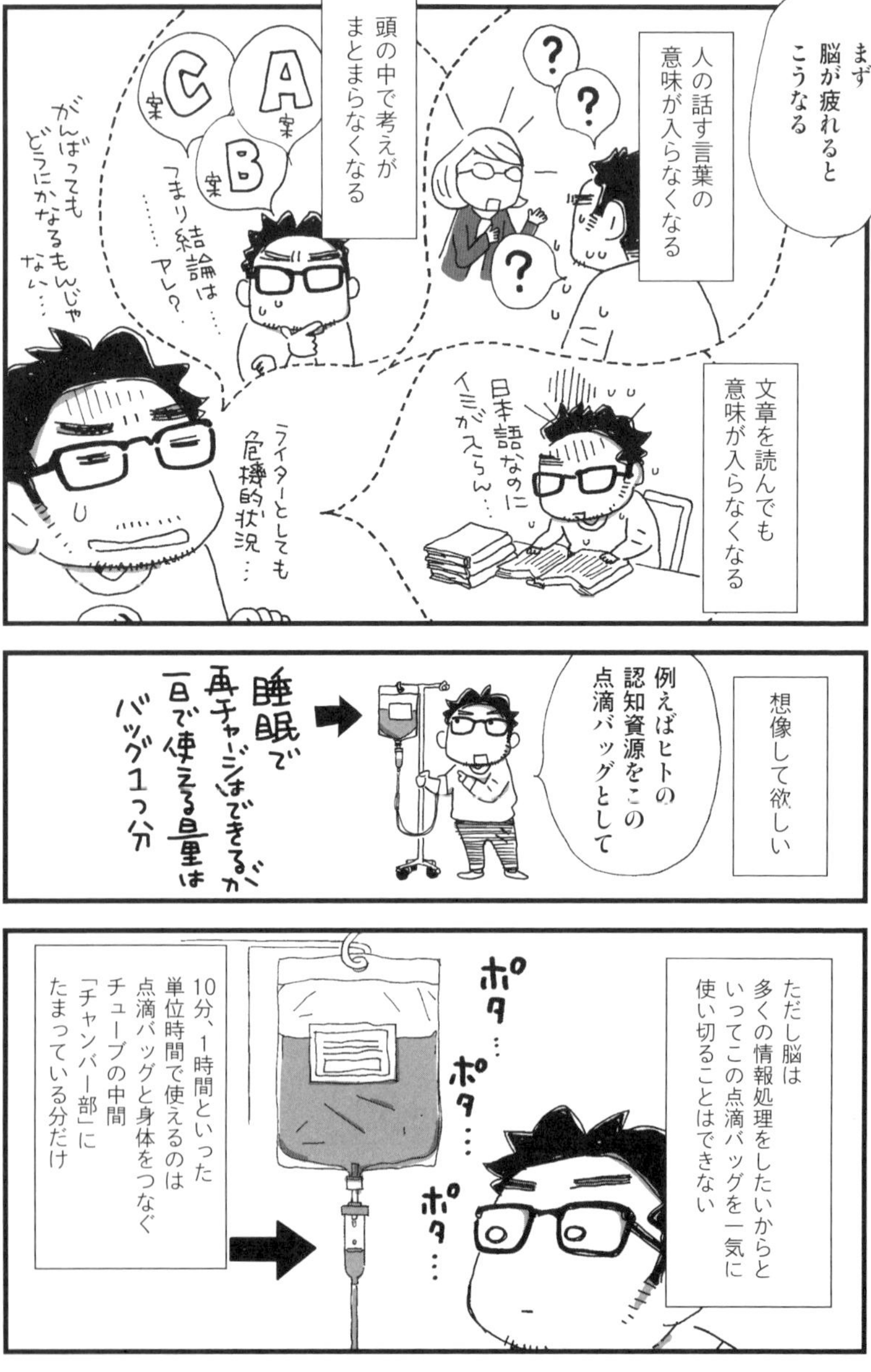

まず脳が疲れるとこうなる
人の話す言葉の意味が入らなくなる
?
?
?
頭の中で考えがまとまらなくなる
A案
B案
C案
つまり結論は……
……アレ？
がんばってもどうにかなるもんじゃない……
文章を読んでも意味が入らなくなる
日本語なのにイミが入らん…
ライターとしても危機的状況…
想像して欲しい
例えばヒトの認知資源をこの点滴バッグとして
睡眠で再チャージはできるが一日で使える量はバッグ1つ分
ただし脳は多くの情報処理をしたいからといってこの点滴バッグを一気に使い切ることはできない
ポタ…
ポタ…
ポタ…
10分、1時間といった単位時間で使えるのは点滴バッグと身体をつなぐチューブの中間「チャンバー部」にたまっている分だけ

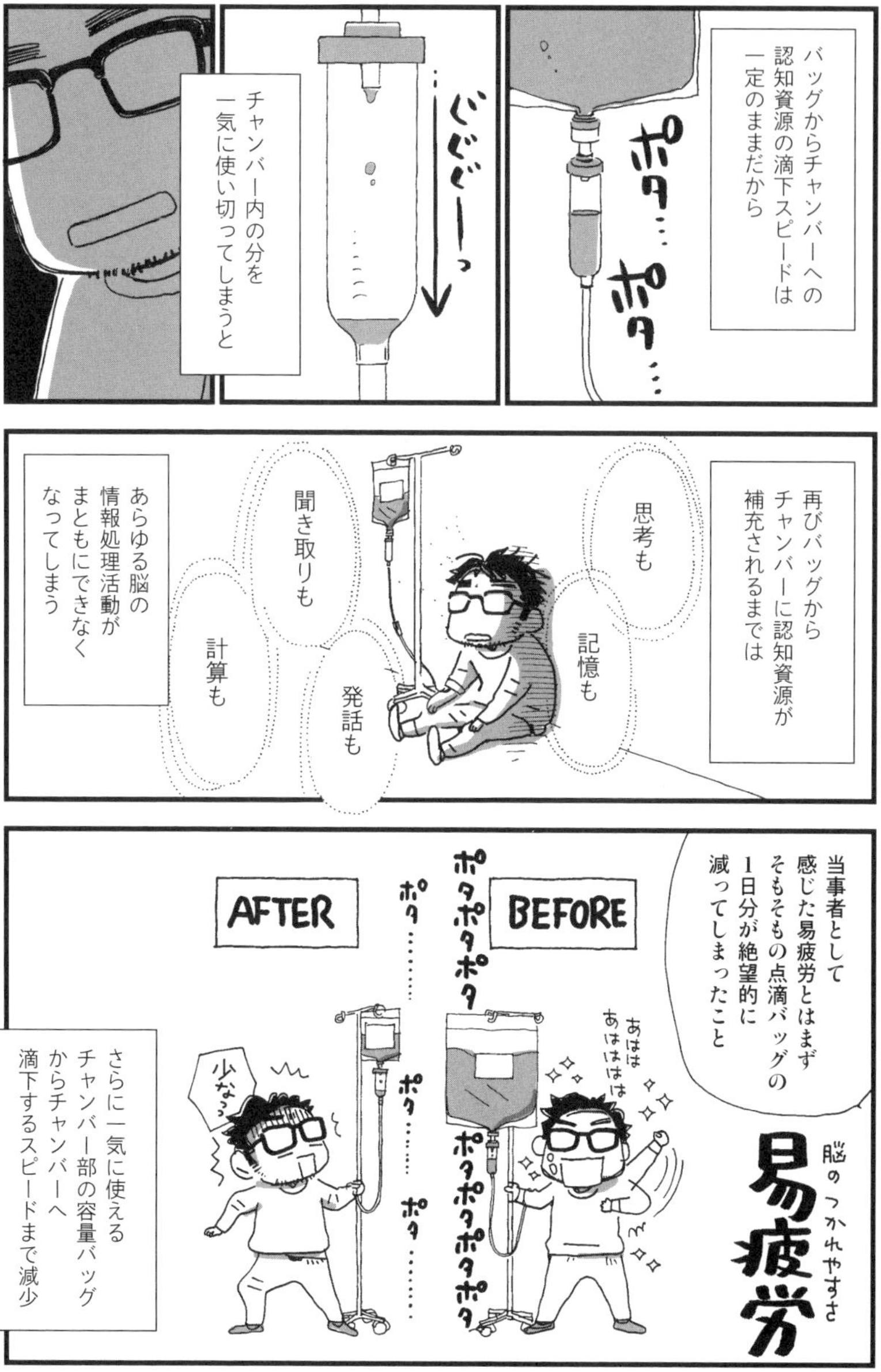
バッグからチャンバーへの認知資源の滴下スピードは一定のままだから
ポタ…ポタ…
ググーーっ
チャンバー内の分を一気に使い切ってしまうと
再びバッグからチャンバーに認知資源が補充されるまでは
思考も
記憶も
聞き取りも
発話も
計算も
あらゆる脳の情報処理活動がまともにできなくなってしまう
当事者として感じた易疲労とはまずそもそもの点滴バッグの1日分が絶望的に減ってしまったこと
易疲労《脳のつかれやすさ》
BEFORE
ポタポタポタ
あははあはははは
ポタポタポタポタポタ
AFTER
ポタ……
ポタ……
ポタ……
少なっ
さらに一気に使えるチャンバー部の容量バッグからチャンバーへ滴下するスピードまで減少

ダメ押しに
同じ情報処理をしても
輸液（認知資源）は
消費量が多く
まだまだ
行けるぜー
あははははは
ウラ……
ハラへった
つらい
何もしていなくても
輸液（認知資源）が
ムダ遣いされて
しまっている
という感じ
ぐんぐんぐ
あ
もう…
無くなる
ポタ…
ポタ…
ポタッ……
はわわ……
とろ
1日の総量も
一気に使える量も
ガクッと減ってしまった
認知資源とそれを
モーレツにムダ遣い
してしまう脳
それが
高次脳機能障害に
なった僕だった
ぷしゅー……
僕の脳は世界の
あらゆるいらん情報を
取り込んで処理し
常時認知資源を
消費し続けている…

ムリ…
疲れたよ
パトラッシュ…
悲しい
この脳
ちょっとムリー!!
大ちゃん？
あーあ
こんな
なっちゃって
妻…
ペリペリ
悲しい
つらい
こんなに不便なら
そう言って
くれたら
よかったのに…
言ったよ
できないことは
できないって
あたし生まれつき
だから不便か
どうかわからないし
……
「できない」じゃなく
「やらない」
「やろうとしない」
だと思ってた…
ゴメン…
頑張って集中すれば
普通にできるんだって
思ってた…
頑張って
何とかなるものを
障害とは
言わないでしょ？
ぽろ
ぽろ
ぽろ
つらい
ぶわっ
まじごめん!!
しつこい！
妻〜〜
ひしっ
よしよし
ゴミ
ゴミ

でも
この部屋じゃ生きてけないから掃除して？
それはムリ
「やらない」じゃなくて「できない」
……
こうして僕は一度妻と同じ不自由の地平に立ち
むむむむ……
大ちゃん
家庭も仕事も何もかもたちゆかない状況から
はい
……
うしろ
「できない」ふたりであがき続けることを始めた――
そっ……
ここからは問題まみれだった我が家が編み出した再生のメソッドだ

いかがだったでしょうか。

冒頭部分を漫画家さんのお力を借りて視覚表現でお伝えしたのは、妻たち発達障害特性の持ち主が生きる世界と定型発達脳の者が感じている世界が、同じ世界にもかかわらずどれほど異なっているのか、そしてそれがいかに強い不自由感や不便を伴うのかということを、最大限リアリティを持って読者に想像してみて欲しかったからです。

中途障害として突然発達障害と近い障害特性の持ち主になってしまった僕が何より強く感じたのは、それまで**何の不自由もなく生きてきた世の中が**「**圧倒的に意地悪く理不尽で無配慮にできている**」ということでした。さらに驚いたのは、日常生活上でできなくなってしまうことのほとんどが、単一の障害特性ではなく、料理でいう塩と砂糖と酢みたいな、いくつか基本になる障害特性の合わせ技によって起きているということだったのです。

漫画で紹介した、「今必要無い要らん情報が頭に強制侵入してくる」「一度注意を向けた情報にゴリラグルー（接着剤）でつけたかのように注意が引きはがせない」「あらゆる情報が均等均質の大きさで入ってきて全てを無視できず、特定の情報を選択できない」というみっつの注意障害特性。聞いたばかりの言葉や見たばかりの文字どころか頭に思い浮かんだ考えや言葉までもが脳内からスイスイ消えていってしまう短期記憶の障害（ワーキングメモリの低さ）。一度疲れると脳があらゆる情報処理に失敗してしまう易疲労（認知資源の少なさ＝疲れやすさ）……。

これらはあくまで発達障害特性の一部ですし、僕と妻に共通する特性に過ぎません。けれど僕の妻が日常生活で抱えるほとんどの不自由の、ベースとなっている基礎特性でもありますし、この**みっつの基礎特性**を根本的に理解してもらいさえすれば、発達障害当事者が苦手と言われることの多くについて、加速度的に想像力や理解が深まるはずだと僕は考えています。

例えば作業の手順を考えたり複雑な作業を最後まで遂行できない「遂行機能障害」（発達障害界隈では実行機能障害とも）。小難しい言葉ですが、上記みっつの障害特性をしっかり理解できていれば、むしろ「遂行機能障害にならないはずがないじゃん！」ではないでしょうか？　だってそうでしょう。

本来、人はあらゆる作業を行う際に、脳内で必要な工程を洗い出し、その段取りを考えたうえで実行に移しますが、ワーキングメモリが低ければその「脳内の作業工程表」

を作っている最中に、一度書き込んだ工程表が頭からすごい勢いで消えていくのです。しかも予定する作業の一部分とか思考中に周囲から入ってくる要らん情報に注意がゴリラグルー。こうなるともはや脳内だけで複雑な手順を組み立てることはできなくて当たり前、できる方がおかしいのです。

発達障害の特性に必ず挙げられる「マルチタスクの困難」、いくつかの作業を並行してやれなかったり、ひとつの作業を途中で止められずに固執してしまうことについても、同様に想像がつくと思います。

そもそもやっているひとつの作業に注意がゴリラグルー（過集中）しているのを引きはがすことが難しい特性があるから、それを引きはがして別の作業を差しはさむことに、大きなエネルギーを使う。せっかくそうして注意を引きはがしても、ワーキングメモリが低ければ、元の作業に戻ったときに「あれ、どこまでやったっけ、そもそも元々何をしてたんだっけ？」の混乱状態だから、いっそうひとつの作業を邪魔されたくないという気持ちが高まります。脳が疲労状態だったり焦りながらタスクをこなしている状況では、作業中に横から声をかけられたり、音や光などの大きな刺激となる情報が脳に入るだけでも、一瞬で手元の作業の内容が脳内から消えて、真っ白になる始末です。

本書を手に取ってくださった読者の中には、発達障害特性を抱えたパートナーを持って、それなりに発達障害関連の本を読み込んでいる方々もいるとは思います（かつての僕もそうでした)。

けれど、定型発達者が発達障害当事者の不自由を理解したいと思うときに必要なのは、障害名やその障害から起こるエピソードを「知識として」知ることではありません。最も必要なのは、**「できないこと」の背後に、どんな「苦手(障害特性)」があるか、それがどんな基礎特性が絡んで起きていることなのか**について思いを馳せる、想像力や着眼力を養うことです。

とても難しいことに感じられるかもしれませんが、決してそんなことはありません。基礎的な障害特性を根っこから理解すると、この「できなくて当たり前」の感覚が一気に広がっていくターニングポイントが訪れるからです。目指すは、発達系女子と定型男子が暮らすうえで日々噴出する問題のあれもこれもが、みんないくつかのシンプルな障害特性が絡みあって起きている!と気付く、パラダイムシフトの瞬間。

さあ、次章からはいよいよ具体的に、発達系女子を理解してより良く暮らすための実践編に入りましょう。まずは発達女子と共に生きるパートナーが日々最も苦労するであろう、「片付けてくれない」「掃除してくれない」からです。

第3章

発達系女子が片付けられない

床面積を確保してくれ！

ああ、僕自身妻と共に暮らしてきて、最もストレスを感じてきたのが何かって、それは断トツで「朝起きたらまず茶の間の床に落ちている物を拾って歩き回る日々」だった。

脱ぎ捨てられた服、深夜に食べた菓子の空袋、テレビのリモコン、読みかけの漫画、床にひろがるそんなものをひとつひとつ寝起きの腰を曲げて拾い、妻の文机とか化粧台に戻していく。飲みかけのジュースが入ったままのコップが猫どもに倒されていようものなら、もう発狂寸前血圧急上昇！

そういえば付き合い始めのころは、この「朝に拾った妻の物」を一気にまとめて入れられるお洒落な布張りの籐籠なんか買ったものだけど、妻が物を出すたびに全部ひっくり返されたり、既に籠はいっぱいなのに加えて床に物が散らばっていたり、いつしか脱ぎ捨てた服入れになって中身が全部カビたりしたので、ブチ切れて撤去した。

「頼む。お願いだから、物の落ちていない床面積を確保してくれ！」

ある時は怒り狂いながら、ある時は半泣きの懇願モードで、何度この言葉を妻に言っただろう。

だが、ものの試しにAmazonで「片付けられない」で検索したら、該当書籍が642件だそうで。スゲーな……。世の中にこれだけ片付けられないことに困っている人がいるということになるだろうが、果たしてその中に、こんな提言はあるだろうか。

「片付けられないのは、片付いてないからだ」

ふざけてない。僕自身が障害の当事者になって身を以て知ったのが、この真理だった。何より身に沁みたのは、この片付け**「られない」の感覚が、極めて強い不自由感の上にあった**ということだ。

片付けないじゃなくて。片付け「られない」！　忘れもしない、病後の拙著には度々登場しているエピソードを、改めて紹介しよう。

床一面のモノに思考停止

あれは僕が脳梗塞で倒れて緊急入院してから1カ月ぐらい経った頃のこと。当時抱えていた漫画原作仕事の打ち合わせだけでも再開すべく、僕は1泊2日の帰宅許可をもらったのだったが……。

茶の間に入った瞬間、僕は、それまでの人生で未経験の思考フリーズ現象に陥った。

1カ月にわたって僕という掃除の主を失った茶の間の床は、妻の脱ぎ捨てた物、洗って畳んだ洗濯物、漫画本、コンビニのビニール袋や中身の無い封筒、公共料金の請求書、化粧品、病院から貰った入院説明のパンフ、猫のおもちゃ、あらゆるもので覆い尽くされ、その隙間からかろうじてフローリングの床が見えるという状態に陥っていた。ちゃぶ台の上も、物で一杯。

その中を縫うようにして駆け巡る猫ども……。もちろんこんな状態で掃除機なんかかけられるはずがないから、西部劇のコロコロ草のごとく舞う毛玉！

ああ、妻は僕の入院から一日も欠かさずに面会時間いっぱいで病院に来てくれていたから、元々片付けられないのに加えて片付ける時間の余裕も心の余裕も無かったのは分かる。分かります！

けれど、この惨劇館を前に、病院から持ち帰った重いスポーツバッグを降ろした（落とした）僕は、放心して座り込んでしまったのであった。

何をどうすればいいのか、何から手を付ければいいのか、何もかもが分からないのだ。僕の思考は完全に停止して、何をすることもできずにしばし座り込むしかできなかった。あれは本当に、それまで41年の人生で、初めての経験だった。

病前の僕だったら、まず妻に特大の文句をぶちまけた後に、こうしたはずだった。

手始めに床一面の物を「適当に」押しやって、自分の座るスペースと散らかった物を分別するスペースを確保し、大型のゴミ袋を用意する。次にそのスペースを使って、散らかった物を、明らかなゴミ、重要な書類、本、洗った衣類、汚れ物、食器などと、「同じ系列の物ごと」1カ所ずつにまとめて分別していく。あらかた終わったら、それぞれの物を定位置に戻しつつ、それぞれの中で改めて捨てる物を分別だ。

こうして床や机の上の物が無くなったら、だいたい広いスペースができるとその上でゴロゴロやり出す猫どもにやんわりご退場いただき、掃除機かけて拭き掃除。ラストは捨てる物を行政指定の通りに収集場所にぶち込んで！　よし完了！

ところが、高次脳機能障害の当事者として「注意障害」持ちとなった僕は、そうした手順の初っ端から最後まで、まるでできなくなってしまったのであった……。

できないの背景に定番の合わせ技

もちろん、頭の中で掃除の手順を組み立てられない遂行機能障害も多少あったとは思うが、僕があの散らかった部屋を前に何もできなくなってしまった背景にあった何よりの理由は、注意障害。前章で紹介した「全部入ってくる」と「ゴリラグルー」の2ヒットコンボだった。

例えばこんなである。

散らかった中から「まず書籍なら書籍だけをピックアップする」ができない理由は、券売機から特定のボタンが探せなかったり、ガソリンスタンドの操作パネルで次に操作すべきものが分からなくなったのと同様に、床に散らばった全ての物が、「同じ情報量」で目に入ってきたからだ。

重なりあった物の中から本だけを探して手に取りたい。病前の僕なら、たとえその本が他の物に隠れてほんの一部しか見えてなかったとしても、何の不自由もなくひょいひょいと手を伸ばして本だけピックアップできたはず。なのに、障害当事者になった僕には、目の前にあるはずの本を、選べない。

まえがきでは、立ち食いソバの券売機で特定のメニューボタンが見つからない感覚を「洗面台いっぱいの白いボタンの中からちょっと欠けた白いボタンを探す」みたいだったと書いたけど、散らかったたくさんの物の中から本だけを抜き出すだけの作業が、**床一面に同じ色の本が散らばっている中で、特定の一冊を探し出せと言われてるみたいに**感じたのだ。

糞これマジか!!

しかも、必死に探そうとするその目に留まるのは、行政系と思われる黄色い封筒（督促カラー?）。そして、やめてくれ、来るな、来るなと思ってるとやってくる、注意のゴリラグルーが黄色封筒にべったり！　それが気になって、本を探すどころじゃねぇ。ぬう～。しかたない。じゃあ本は後に置いといて、ひとまずその封筒を手に取ろう。と思って、再び僕は固まる。

なぜならひしめく物の中からその封筒だけを手に取ろうと足を踏み出そうにも、今度はその足を踏み出す「場」が作れないのだ。「適当に物を押しやって足場の確保をする」ことができないのは、刃物とか飲みかけのコップとか、乱暴によけたりしたらマズいものがあるかどうか、その確認すらできないからである。

……頭の中に浮かぶのは「無理」の2文字のみ。心底思う。ああ、病前の僕の脳みそは、何て高機能だったんだろう。こうして僕は、床一面に広がる物を前に、座り込んでしまったのだった。

結局その日の僕は「やれることからやるしかない」と腹をくくり、部屋の隅っこに座って自分の足元に広がる大量の物の、物理的に足に近いところにあるものから順に拾い上げては捨て、拾い上げては同じ定位置に戻す物ごとにまとめて片付けるという「総当たり戦」みたいな不効率なやり方で何とか部屋を片付けた。おそらく病前なら30分ぐらいの作業量だったろうが、かかった時間は2時間以上……。

思い出すのも本当にキツい。あれは本当に悪夢のような時間だった。けれど、あの経験を以て僕は心底思い知ったのだ。

「片付けられないのは、片付いてない（物量＝情報量が多い）からだ」

「これが妻の生きている世界なら、片付けなんかできるはずがない」

片付いていないから片付けられない

マジか……これが妻たち発達系女子の片付け「られない」なのか……。ようやく君らの気持ちが分かったよ。ということで妻に確認だ。

「これか、妻よ。目に入る全部の物が、同じ情報量で入ってくる感じだよね。全部入ってきて、何から手を付ければ分からなくて固まるよね」

「いやー、あたしの場合はちょっと違うかなあ？」

いや、違っちゃうと、この本の企画的に困るんですが!?

「あのね。あたしの場合、確かに焦ると目の前のものが見つからないってことがあるけど、普通の時は逆に目に入ったもの以外が見えなくなる感じなの。例えば本だけを拾って片せって言われたらできないことないけど、本を片す途中で落ちてるゲームがあったら、先にそっちを片し始めちゃう。で、ゲーム片してる間に『これ終わったら次に本片さなきゃ』ってことを、忘れる。むしろテレビで大岡越前の再放送始まったら、片付けやめてそれ見ちゃうよね」

それは録画してよ！　ていうかてめえ、大抵掃除の途中でゴミの真ん中に座り込んで初代ゲームボーイ（30年前の携帯ゲーム機）とかピコピコし出すのは、そのせいか。毎度思うけど君それ、まだ電源入るの凄いね……。

なんてツッコミは置いといて、なるほどなるほどである。

妻の場合の片付けられないは「もう一方の注意障害」とワーキングメモリの合わせ技だ。

妻の証言を翻訳すると、こうなる。

妻にも「全部入ってくる」＝目的の物が探せない系の注意障害はあるが、それは急いで物を探さなければならないとかのテンパってる場面、それこそ後ろに人が並んでいるときの券売機で特定のメニューボタン探すとかといった場面に強く出る特性で、日常的には同じ注意障害でも「要らんもんが入ってくる」&「ゴリラグルー特性」のほうが優勢らしい。

そして注意が何かにゴリラグルーしている間に脳内の「今やるべきことメモ＝（片付けを最後までやろう）」が消えてしまうワーキングメモリの低さも加わって、片付けが完遂しないということを、彼女は言いたいようなのだ。

いや、スゲエな妻。そこまで自分が分かってるなら、要らんものやゴリラグルーを抑止する工夫すればいいじゃんと思うが「それができないから障害なんでしょ」と、ごもっともな逆切れ返答。

けれど、この彼女自身の証言には、実はとても大事なヒントが隠されていたのであった。

「物の無い部屋」をキープする

まず、僕自身が大量の物を前にフリーズしてしまったのを見るように、「片付いていない（情報量の多い）部屋だから片付けられない」というのは、脳の情報処理機能障害である発達障害の当事者にとってひとつの真理なのは間違いない。

すなわち、妻に部屋を片付けて欲しければ、大前提として一度部屋の物＝情報量を減らした上で、その「シンプルな情報量の部屋」をキープしてもらうのが鉄則というわけだ。

ということでまず我が家では、家の中で最も床に物の無い状況を確保しておきたい「茶の間」限定で、義母と僕と妻の協働体制で徹底した片付けを行い、一度「床に物の無い茶の間」を実現するところから始めた。そのうえで、その状況を維持すべく、「寝る前に床に物の無い状態にして寝よう」という約束を妻と交わしたのだ。

が、ここで新たな発見があった。確かに、こうして一度片付いた状態を作ってしまえば、妻はある程度片付けができる。けれどその一方で、妻には一度きれいに片付けたはずの場所を再び足の踏み場が無くなるまで**リバウンドさせてしまう特性**があったのだ。

いや、この散らかしていく経緯こそが、妻の片付けられないの本質であり、妻の障害特性そのもの。そして先ほどの彼女自身の証言に隠されていたものだったのだ。

どういうことだろうか……。

リバウンドを招く「作業ゴミ」

リバウンドのきっかけは、妻自身が自覚していたように、「目に付くものに注意を持っていかれる」「持っていかれると、今やっていたことを忘れる」だ。

まずきれいに物の無い場所で何か作業をやる妻を見ていると、そこにはあらゆる作業の都度「片付け漏れ」「捨て忘れ」が発生していることに気付く。

最も顕著なのは、ハサミを使って何か菓子袋などを開けた際の、「はさみと袋の切れっ端」。商品を取り出した後のAmazonの箱、開封して中身を取り出した空の封筒、トイレットペーパーの芯等々の細々としたゴミだ。

これらに共通するのは、全て「継続する作業」の途中で出る物ということ。そんなもの、その都度ゴミ箱に入れたり片付ければ良いものだが、そこが妻の障害。

妻の注意は袋の切れっ端より中身のお菓子、Amazonの箱より中身の商品、空の封筒より中身の手紙、トイレットペーパーよりトイレ後の洗浄レバーなどに強くゴリラグルーしてしまうから、こうしたゴミや片付け忘れが作業の都度発生し、片付いていた場所が少しずつ散らかっていくのだ。

そして次なる問題は、この「作業の途中で出るゴミ」だとか「やりかけて途中でやめた作業の道具」やらが床や机に散らばっていても、妻はその上でまた新たに別の作業を始めてしまうこと。そう、妻の注意は常に新たにやる作業にゴリラグルーしているので、「散らかりの上で作業を始め、散らかりの上にさらなる散らかりを積み重ねていく」のだ。

そしてそして、**机や床に広がる物（情報）の量がある閾値《いきち》を超えると……そこには「魔の刻」が訪れる。**

全ての道具が出しっぱなし、全ての作業がやりかけ、ゴミ含めて何もかもが混在した空間。こうなるともう、妻は再び「脳機能的に片付けられない」の状態になってしまうから、加速度的に状況は悪化していく。妻自身が自覚している通り、片付けようにも目に入る大量の物の中のやりかけの作業や目立つ物に注意が持っていかれ、それに気を取られているうちに片付けようとしていたことも再び忘れ、散らかしのスパイラルから脱出することができないのだ。

これが、リバウンドの経緯。

つまり、足の踏み場も無い散らかり様とは、妻にとっては「障害特性によってできなかったこと」の積み重なりの結果。日々の「できない」が蓄積した結果がその状態なのだ。

そう気付いた時、僕の中で、何かガラリと変わったように感じた。

育児放棄に似た罪悪感

実はまさに今、そのリバウンドの結果が我が家にある。僕の仕事机と妻の裁縫机などで共有している、8畳の仕事部屋だ。

妻と「毎日物の無い状態にしてから寝る」約束をしたのは、茶の間のみ。この仕事部屋においては、一度模様替えをして完全に片付いた状態にしたが、そこから徐々に妻の散らかしが始まり、現状では床一面に広がった妻の物を足でよけながら僕の仕事机へのルート確保をしなければならないほどになっている。

病前ならば、さぞ腹が立ったことだろう。けれど、僕の中でガラリと変わったのは、その散らかった部屋を見た時の感じ方そのものだ。

妻の「片付けることができない特性」「散らかりに至る経緯」を知った今、この仕事部屋の混乱状況を前に僕の中に沸き起こる感情は「申し訳ない」だ。

なぜなら妻の特性＝「脳の機能的に片付けられない」を知ってもなおその状況になるまで放置してしまったのは、僕の責任でもあるから。妻が「大ちゃん掃除手伝って」の一言を言い出せないのも、妻には付き合い始めの当初から僕に「散らかすな」「いい加減にしてくれ」「仕事忙しい、ワンオペ家事キツい」の叱責を受け続けたトラウマがあるからだ。

ということで、妻にやんわり聞いてみた。

「ねえ妻よ、ごめんな。怒らないから教えて。今回の仕事部屋は、どうしてこんなになっちゃった？」

「怒らないとか逆に怖い。あれは、掃除しようと思ったんだけど、挫折中？」

だと思った。

「散らかり始めた一番初めのきっかけ憶えてる？」

「あー、1年前ぐらいに裁縫に使う生地の位置を変えたくて整理しようと思ったらこうなったよ」

1年前ですと!?

……ああ。確かにそのぐらいのころ、妻は生地を入れた段ボール箱をクローゼットから引っ張り出してきて何か始めていたが、仕事の忙しい僕はそれを見もしなかった。そのうち妻は引っ張り出した段ボールや生地はそのままで、僕の校正用テーブルの上で型紙とか切り出していた記憶がある。まさに、作業の途中で別の作業に注意を持っていかれ、そのどちらもがやりかけで放置されるという「散らかりのスパイラル」が根付こうとしているのを、1年にわたって僕は見過ごし、放置してしまったわけだ。

それどころか、これじゃ校正作業ができんではないか！と思った僕は、妻がやりかけで放置していた型紙や布の切れっ端を妻の裁縫机の方にぐいぐい押しやって、昔からそうしてきたように「せめて僕の机にたどり着くまでは物を踏まずに歩ける状態」を確保した。

あの時点で、既に妻にとって自力で片付けができる情報量を超えていたに違いないが、僕はさらに妻が整理途中の生地の方に端切れや型紙を置いたのだ。それは妻にとって、甚大な「情報処理の妨害」ではなかっただろうか。

もう間違いない。妻は自力ではもうどうにもならない散らかりのスパイラルに翻弄される中、日々仕事に忙殺されている僕に「掃除一緒にやってくれる？」とは言い出せず、その結果がくだんの「足の踏み場も無い仕事部屋」だったのだ。

こうしたプロセスを振り返ると、怒りの感情なんて微塵もわいてこない。むしろ脳裏を埋め尽くすのは、言いようのない申し訳なさだ。

例えばそれは、「**仕事にかまけて育児放棄をしていたら、ふと我が子が栄養失調でやせ細っていたことに気付いた**」「**なんでこんなになってしまうまで目を向けられなかったんだろう**」**みたいな、取り返しのつかない罪悪感……**。

「ごめんな。こんなになったのは、僕が君を放置したせいだね。ていうか共犯だね。じゃあ妻よ。この仕事部屋、お盆休み使って一緒に片付けてみようか」

「あたしは少量のラザニアが食べたいな……」

「？・？・？・」

常々こうした会話の食い違いが起きることについては、後の第5章に。ひとまずこれは、了解の意図らしい。

いざ、お片付け解決メソッド！

ということで改めて、我が家は一度、僕も妻も片付けられないという状況に陥りながら、なんとか妻の特性を理解した上で、片付いた家をキープできるようになっていった。時間をかけて構築した、我が家の片付けメソッドをまとめてみると、こんなだ。

①外に出ているもの（情報量）が極めて少ない状態という「戻るべき基準点」を一度作る。コンセプトは「床と机の作業面積を確保しておく」。

②基準点の作り方は、散らかった物の分別を僕が担当し、妻の手でそれぞれを定位置に戻す（定位置戻しの指示を出す）＝バケツリレー方式型。もしくは、僕が散らかった物を分別せずに一度まとめて箱などに入れ、妻が箱からひとつずつ出したものを捨てたり定位置に戻していく＝総当たり戦型。

③収納や定位置は「一緒に作る」。妻は頭の中で片付ける物のサイズに合った収納や

定位置を想像するのも苦手なので、一緒に作ってあげることが重要。
④定位置づくりは、妻が新しいものを買ったり新しい趣味ができるごとに、新たに行う。そうでないと、趣味や物が増えるたびにそこを基準に散らかしのスパイラルが始まる。
⑤妻は毎日寝る前には①の基準点に部屋（主に茶の間）を戻す。
⑥大介は妻の片付け忘れがあったら「その場で声をかけて」指示し、その場で片付けてもらう。

ということで改革開始から5年経った今、妻には「一度した約束はむしろ破れない」という愚直な特性もあるから、毎日きちんと茶の間の床に物が落ちていない状態をキープしてくれている。朝起きて何かを拾って歩かずに済むことが、こんなにもありがたいとは！

一方で激しくリバウンドした仕事部屋は、ふたりがかりでひと夏かけて片付けたうえで半分にパーテーションし、妻の側のスペースは妻の使いたいように使って良いルールにした。

「ふたりとも片付けられない」の状態から、ふたりのやれることを出し合い、二人三脚で作った片付けのメソッド。けれど、実はそのプロセスは、単に「家が片付く」をはる

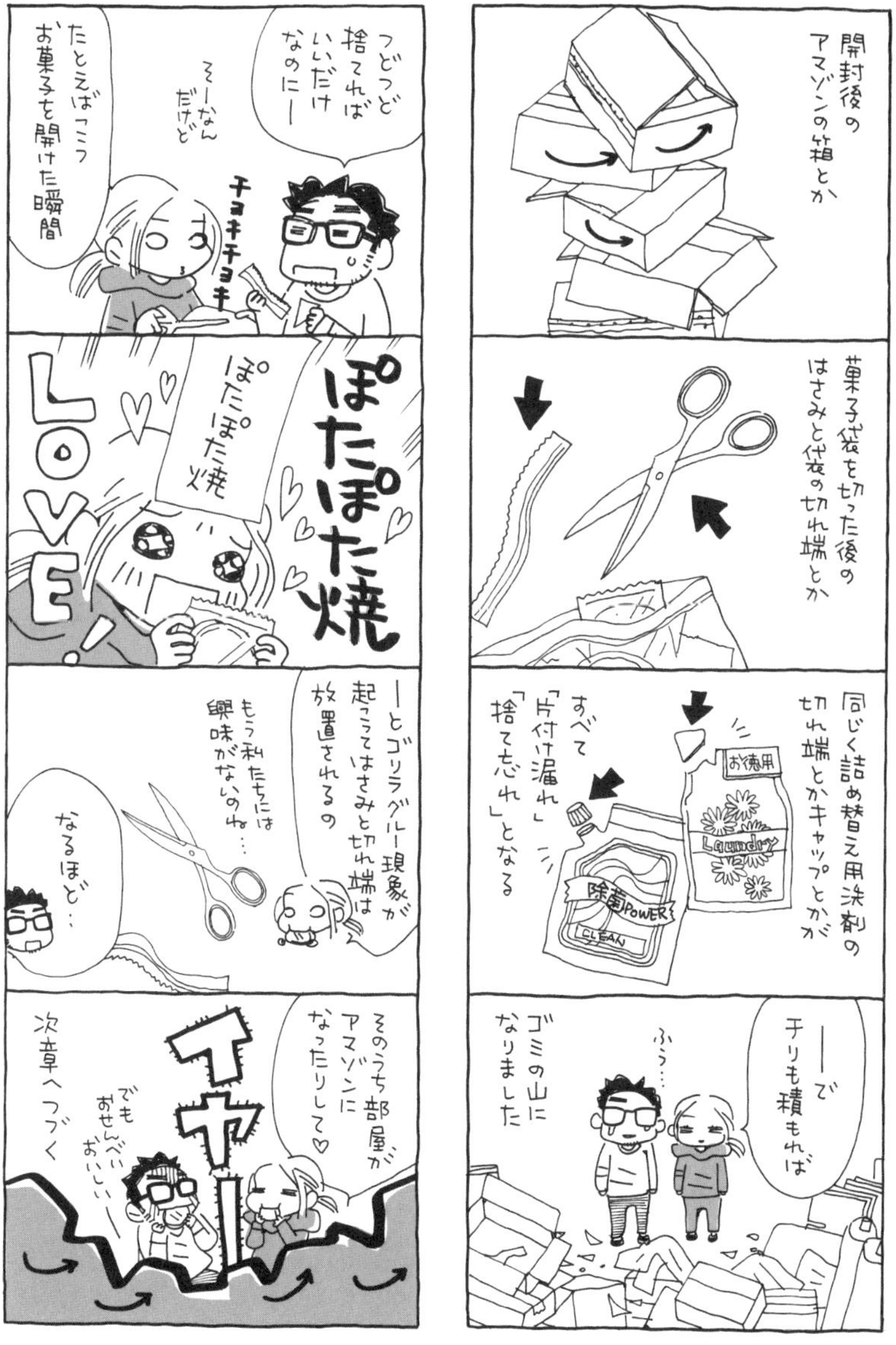
開封後の
アマゾンの箱とか
菓子袋を切った後の
はさみと袋の切れ端とか
同じく詰め替え用洗剤の
切れ端とかキャップとかが
すべて
「片付け漏れ」
「捨て忘れ」となる
お徳用
Laundry
除菌POWER
CLEAN
——で
チリも積もれば
ふぅ…
ゴミの山に
なりました
つどつど
捨てれば
いいだけ
なのにー
そーなん
だけど
チョキチョキ
たとえばココ
お菓子を開けた瞬間
ぽたぽた焼
ぽたぽた焼
LOVE!
ーとゴリラグルー現象が
起こってはさみと切れ端は
放置されるの
もう私たちには
興味がないのね…
なるほど…
そのうち部屋が
アマゾンに
なったりして♡
イヤー!
でも
おせんべい
おいしい
次章へつづく

かに超える大事な副産物を我が家にもたらしてくれたのだった。
それが**「家事の共有・協働」**という病前には無かったスタンスだ。

第4章

発達系女子と家事を分担できない

新基準の分担へ

妻と家事の分担ができないというのは、彼女と暮らす中で、大きく僕を苦しめ続けたものだ。けれど、そもそもよく言われる「家事の分担」ってなんだろう。

かつての僕は、日本の忌まわしき家父長制の中に居座り続けてきた「男は仕事、女は家事育児」というような役割分担は糞だと思いつつも、妻が掃除なら夫が洗濯とか、月曜日に妻が掃除なら火曜日の掃除は夫というように、「**大きなまとまりとしての家事」をそれぞれが受け持つことが、分担だと考えていた。**

その感覚の上で妻に「片付けといて」「料理作って」といっても、できたことは無かったし、できないから我が家では僕がずっと独りで掃除も炊事も洗濯も何もかもを負担してきた。妻も「苦手だし、やっても文句言われるだけだからやらんわ！」と開き直ってきたし、挙句の果てにワンオペの無理がたたって僕は41歳の若さで脳梗塞になるまで自分を追い込んできたわけだ。

けれどいざ、ひとりでは掃除ができなくなってしまった僕は、妻の手を借りて家を片付けるようになる中で、驚くことに気付いたのだ。

こいつ……やれるのだ！　しかも作業によっては僕よりずっとやりやがる！

例えば古雑誌をリサイクルに出すにあたって、小分けにして紐で梱包するとか、段ボール箱を細かく潰して結束するとか、調味料の瓶の外し難いプラキャップを外して分別するとかグラスや食器を磨くとかとか……そうした「作業の合理化しようがない」面倒な作業において、妻は僕なんかよりもはるかに耐久力があって仕事も馬鹿丁寧なのだ（その分時間はかかるが）。

またまた、「マジでか！」である。

僕は作業を計画したり、合理化・効率化することが元々好きな性質な一方で、効率化しようのない地道な作業を丁寧に根気よくやることが苦手。結果として作業が結構雑。

一方の妻は作業手順を合理的に組み立てるとか計画立てるとかはめっぽう苦手な一方で、僕が細かい作業を用意して明確な指示を出しさえすれば、たとえ時間はかかっても黙々と作業を続ける粘り強さがある。手抜きは苦手で馬鹿丁寧。

ならば……。これが、ふたりでやる片付けから始まった、我が家の家事改革＝「新基準の分担」への入り口だった。

個々の作業が苦手なのではない

妻と一緒に片付けをしていて得た最大の気付きは、「片付け」という大きなまとまりとしての家事が、定位置を作る、定位置に物を戻す、ゴミを捨てる、拭く、掃除機をかける、磨く等々の、いくつもの小さな作業の集合体だということだ。そして前述したように、その個々の作業を妻に指示してみると、家事に苦手意識を持っていなかった僕なんかよりも、明らかに妻の方が得意なものがある。

ならば、どうして妻はこれまで掃除や片付けができなかったのだろう。そう考えると、妻が苦手としていたのは、それら家事を構成する個々の作業そのものではなく、家事を構成する手順を頭の中で計画立てることや、注意がゴリラグルーしがちな情報を無視して作業を最後まで継続することや、そもそも「今その家事が必要な状態にあると気付くこと」ではないかという結論に至った。

もちろん、他にも妻には手先を手早くリズミカルに動かすのが苦手といった協調性運動の障害（身体的な発達障害特性のひとつ）や、不器用なのに作業が丁寧過ぎて現実的な作業時間内で作業が終わらない等々といった**苦手は山ほどあるが、単体で不可能という作業はほとんど存在しない**。

ここまで分かったら、もう戦略はひとつだろう。我が家における家事分担は、妻と僕のどちらかが「掃除」「炊事」といった大きなくくりの家事を分担することではない。僕は家事全体の主体性をもつ司令塔として、必要な家事の洗い出し、手順の計画をしたうえで、**手順通りに個々の作業をひとつずつ丁寧に妻に指示し、どうしても妻が苦手とするところだけ僕が請け負えばいい**。

こうして我が家は、掃除も炊事も洗濯も、それまで僕がほぼワンオペで抱え込んできたあらゆる家事において、僕が司令塔となって妻に作業部分を指示する「協働作業」のスタイルに落ち着いていったのだった。

妻、優秀なアシスタントに化ける

驚くのは、あくまで家事の主体は従前どおり僕でありながら、この僕の家事負担が激的に減るということだった。最も顕著なのが炊事だが、その分担とは、こんなである。

何時にご飯を作り始めるかや、家にある素材、ふたりの健康状態と食費面を考慮してメニューを決めるのは僕。

米を冷蔵庫から出すのは僕、計量して研ぐのは妻、水加減と炊飯は僕（我が家の炊飯は土鍋なのでちょっと面倒）。

調理に当たって冷蔵庫や乾物入れ等から出す素材を指示するのは僕、素材を出して皮をむいたり卵を溶いたり余りをラップして、定位置にしまうのは妻。

素材に包丁を入れて加熱調理するのは僕、最後の味見と調味は妻。

食器を出すのは妻で、盛り付けるのが僕。

食べ終わった食器を洗うのは僕で、水分を切って食器棚にしまうのが妻……。

こうして徹底的に作業を分解・分担して知ったのは、単に料理と言っても物の出し入れや下準備にかかっている手数は結構なものがあったんだなあということだ。

例えばハンバーグを作る際など、タネをこねた手をいちいち洗わなくても粉類やら溶き卵やらが口頭で指示するだけで出てくる便利感たるや、もう作業が4分の1になったぐらいの感覚だ。アシスタントがいるだけで、これほど負担が激減するとは!!

かつての僕はと言えば、こうして調理をしている際に背後でゲームや映画などに集中して寝ころんでいる妻にイライラしつつ、なんで料理ぐらいしないんだ、不公平だ不公平だと思い続けてきたが、こうして作業中に妻が横で手伝ってくれていれば、そんな不満や不公平感だって起きようがない。

しかもこうして夫婦で家事を協働することは、家庭内で貴重なコミュニケーションともなり、そこにはふたりでひとつの作業をやり終えたという達成感すら伴う。

こうした気付きは僕ら夫婦にとって、双方当事者になることによって得た思いがけぬプレゼントだったと思う。僕らが手にしたのは、4つの「楽になる」鍵だった。

家事改革に4つの鍵

①障害特性について

家庭内で僕が一方的に腹を立てていた「妻がしてくれないこと」のほぼ全てにおいて背後に障害特性があり、特性上やれないことをやれというのは「残酷な無理強い」であり、「してくれない」ではなく「できない」ことだったと気付いた瞬間、僕の中から怒りは消え、逆に「気付いてやれなくてごめんな」という申し訳なさに変わった。このパラダイムシフトによって楽になったのは、たぶん小言を言われなくなった妻よりも圧倒的に僕の方だと思う。

②僕のサポートについて

①の続き。妻はその特性を理解してサポートすれば、家事運営の重要な戦力となってくれ、僕の抱えてきた不公平感は激減！　さらに妻の作業が中途半端だったり最後まで遂行できなかった場合、たいていは僕の「サポートが足りない」「指示ができていな

い」「僕が妻の情報処理の邪魔をしている」といったことがほとんどなので、完遂されなかった家事は「妻と僕の共犯」。そう思うことで、やはり苛立ちが一気に減って楽になる。

③家事の自発性・能動性について

時に妻の特性を忘れて「そのぐらい言われなくてもやってよ」と思うが、言わずにやってもらえなくて不満を溜めるより、頻繁に声がけと指示をして「言ってやってもらう」方が圧倒的に楽＝生活の上でローコストと気付いた。

④家事のなかの「イズム」について

③の能動性について考え、協働する中で、妻がそれぞれの家事運営にどの程度の「必要性」を感じているかが分かった。「経済や衛生・健康の維持に必要な家事」といった必須レベルのもの以外の家事（例えばシンクを磨いて光らせるとか、食事は絶対手作りとか、玄関の靴はしっかり揃えるとか、やらなくても死なない家事・習慣）について、必要性を感じる感じないは個人の価値観＝イズム。僕は妻より圧倒的にこの「イズム」「〇〇すべき」「〇〇であるべき」が多い。それを押し付けるのは単なるハラスメントなので、その手の家事についての僕は「なんでやらないの」ではなく「お手伝いをお願い

します」の立場なのだと思い至った。これにより、やってもらえない感の不満がまた激減！

なんということだろう。④についてはどうしても譲れない部分もあるだろうから相性問題と言えなくもないが、こうした鍵を得て楽＝ストレスが無くなったのは、圧倒的に妻より僕。そしてこれまで僕が家庭運営の上でイライラしたり怒っていたりしたのは、定型発達サイドの「**当たり前にできるでしょ**」の**押し付けという、単なる一人相撲**だったと気付いたことが、何より僕を楽にしたと思う。

激減していく定型サイドの負担

ということで、「片付けられない」＝「片付ける脳機能が無い」から始まった我が家の家庭改革は、僕が高次脳機能障害の当事者となってから実に5年以上をかけて熟成され、加速度的に我が家の家事運営のストレスは減っていった。

現在では、妻に対する「口頭の指示」がその時その場で作業するもの以外は忘れられてしまう（僕も指示を忘れる）ことを前提に、毎日頼む定型の家事作業については家の

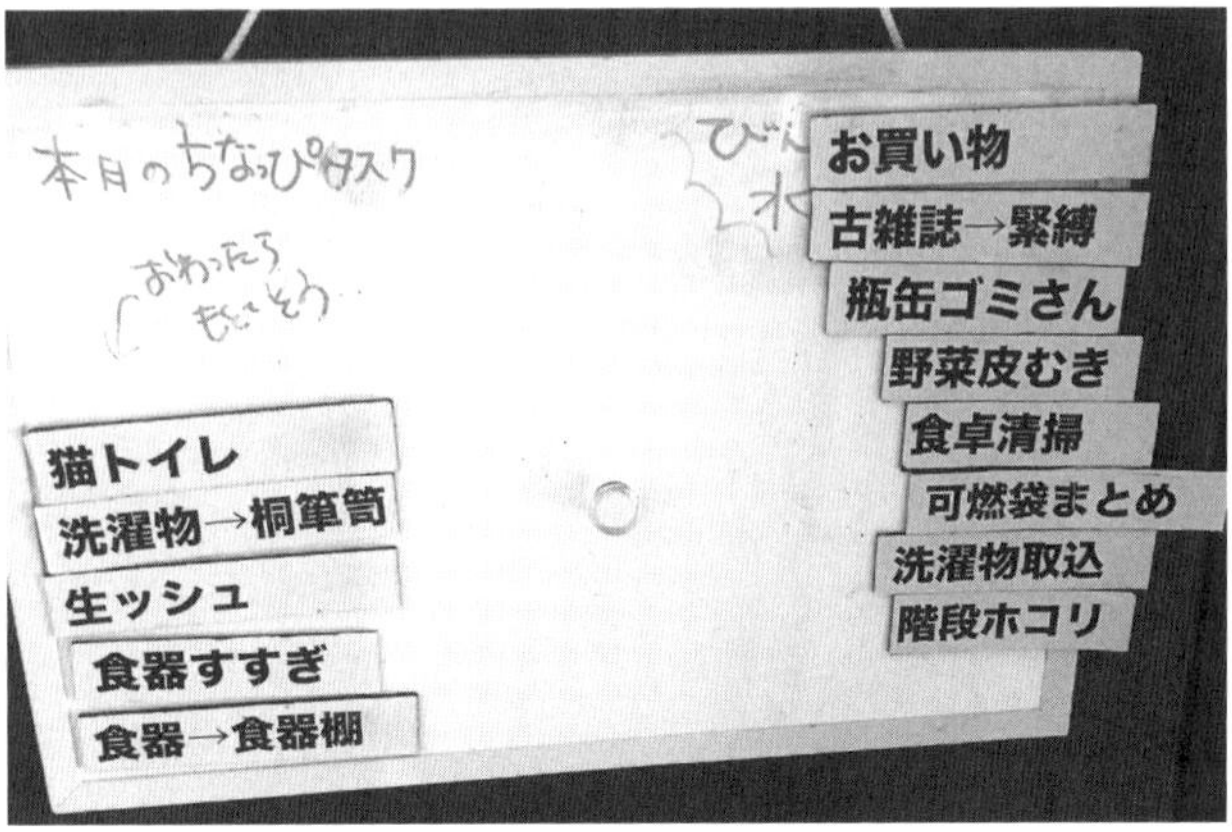

協働ではなく妻がひとりでやる家事については、
僕の指示忘れと妻のやり忘れを防ぐマグネットプレートを作った。

中で目に付きやすい場所にホワイトボードを下げ、その日にお願いしたい家事をプレートで指示する形を採用（写真参照）。やっぱり決めたことは愚直に守る特性のある妻は、ほぼ忘れることなくこの指示を守って家事運営をしてくれるようになってくれた。

一方で、料理のサポートのようなその場の口頭指示についてはこの可視化ができないが、続けるうちに妻は僕が何を作ろうとしているのかを察して、指示を先読みして準備できるようにまでなっている。

指示そのものも簡略化され、効率化され、僕が考える必要があるのは何を作るか、どの順番で作るかだけ。手を動かすのは包丁と鍋だけと、どんどん楽になっていくのだ。

いか。

お？　この感じ、若い頃にご飯屋の厨房でバイトしていた時のことを思い出すじゃな

自分の作業で厨房内を移動しながら、横目でほかのスタッフが何を作っているのかやレンジのタイマーの残り時間を見て、通りすがりに素材を出したり片付けたり、黙っていても今欲しい道具がスッと隣から渡されたり……。

家庭の台所がそんな空間になる必要はないが、あの独特のチームワーク感が、まさかこの妻との間で共有されるとは思わなかったよ！

だがこうして家事を共有・協働し、日々僕の中にあった家事ワンオペの不公平感の呪いがひとつひとつ落ちていくにしたがって、いよいよ見つかったのが、「楽になるための鍵」、最後の5つ目。54pに示した「認知資源」（脳のエネルギー）の問題に絡む、最終的な不平等感の払拭だった。

「真の公平」とは何か

5つ目の鍵は「作業量や作業時間が等しいことが、家庭内の公平ではない」である。

思えば付き合い始めのころから、口癖は「疲れた」「だるい」「休みたい」で、実際何

かに集中して作業をした後に真っ白になったり身体を横にしなければやっていけないことの多かった妻。

そんな妻に対してかつての僕は、「運動の習慣が無いから」「夜更かしばかりして日光浴びてないから」とまあ、おそらく定型脳&体育会系にお定まりの叱責で妻をなじるばかりだった。

立ち働く僕と、部屋の隅で丸まって寝ている妻。僕の中にあったのは、常に「なんで俺ばっかり動いているんだ」という不公平感だ。仕事も家事もワンオペで、どうして僕はこんなに独楽鼠《こまねずみ》みたいに動きまわってるのに、妻は年中ぶっ倒れて寝てんだろう。これが、妻と暮らし始めた20年以上前、25歳のころから僕を苛んできた、最も大きなストレスだった。

けれど自身が当事者となって、一日に使える認知資源の総量も、一気に使える量も激減した際につくづく知ったのは、「脳の疲労」は不可視にもかかわらず、根性や努力で何とかなるレベルのものじゃないということ。一度認知資源を使い切ってしまえば、何も頭の中で考えがまとまらず、人の言葉も文字も意味を理解できなくなる……あのクタクタの困憊感。

ようやく最後の鍵が見つかった。

家事改革をしても、なおかつ僕と妻でこなす家事の総量は僕の方が多いし、家事にかける時間も、いまだ僕の方が多い。同じ作業を並んでやろうとすると、妻は僕よりはるかに時間がかかってしまうことも多く、急ぎの作業だと「いいよ俺やるから」と妻の作業を奪ってしまうシーンがまだある。

けれども、**「同じ家事をしていても、妻と僕の脳の疲労度（認知資源の消費量）が全く違う」**ならどうか。

僕は機能を再獲得するタイプの中途障害だが、妻はずっと「あの世界」を生きている。情報の洪水の中を溺れかけながら泳ぐような、ただ生きているだけでもあんなにも疲れる、あの不自由な日々。考えることも憶えることも不自由で、「当たり前」と言われていることでも必死に取り組まねばやり遂げられず、頑張ろうとすればすぐに脳が空っぽになってしまって何もできなくなる、あの異様な世界。

ようやくたどり着いたのは、妻と僕が家事運営を「平等」に行うとは、こなす作業の量や時間を均等にすることでは決してないという理解。そして**我が家における公平とは、「脳（認知資源）の消費量で釣り合っている状態」**だという気付きだ。

毎日自分が必要だとあまり思っていない家事を指示され、手伝いに立ち、注意を引く情報から必死に注意を引きはがしながら慣れない作業に集中し、そこで妻が消費している認知資源は、定型発達脳の僕の比ではない。

すぐ疲れるように見えるのは、実際に疲れるから、頑張っているから。

アスリートと一般人が同じ距離を走ったときの疲れが違うことだったら誰にでも分かることだが、脳だって同じ作業をしてクタクタになる者と、平然としている者がいて当たり前。なんでこんな当たり前のことに、こんなにも長い間気付いてあげることができなかったんだろう。

この理解に至って、最後まで残った僕のストレス＝不平等感は、ついに払拭されたのだった。

ああ、夢にまで見た、ワンオペからの解放！　妻は進化し、家事運営の重要な戦力に育ち、日々僕と同じぐらい頑張って、家事運営にしっかり尽力してくれている。

「いやまじ、すごくない？　最近ほとんど家事で指摘することとかないんだけど、むしろ俺が家事プレートの出し忘れしても、きちんと家事終わってるし」

「最近のエロ本に包茎手術の広告ってまだ載ってんのかな」

「？？？？」

ああ！　かくも手強き発達系女子‼　最大の問題である家事ワンオペ問題は解決しても、まだ定型発達男子にはストレスが残る。次章のお題は夫婦関係においては結構致命的なお困りごと「話が通じない」だ。

家事の公平を考えてみた
僕、炊事
あたし掃除
オレひるね
大ちゃんのごはんおいしーい♡
ゴミ
ゴミ
ゴミ
ゴミ
こんなの不公平なんじゃー
有機ゴミ増やしてどーすんの
もったいない
確かに

考え方を変えてみた
カテゴリーで分けるんじゃなく同じカテゴリー内で作業を分担しよう
たとえば片づけ
うん
モノの定位置を2人で決め
僕が指示する
これ戻しといて
了解!
という「協働体制」
シンプルな指示には120%で応える人
できたよー
やだ僕がイヤイヤやってたときよりキレイ!!
そして今僕らはお互いの隣が定位置に
バカップル…

第5章

発達系女子と話が通じない

妻との会話は楽しいけれど……

妻とは会話が通じません！　けど先に言うと、ハッキリ言って妻との会話は楽しい。眼に入る自然とか生き物とか、江戸の風俗史とか世界の魔境とか新発見の生物とかなんとか、彼女の興味はいつも現実的な家庭運営とか業務とかじゃない方に広がっているから、毎日毎日、発見や学んだことの報告を僕に投げかけてきてくれる。

細かい無駄知識も豊富で、こちらも勉強になることが多いし、つまらない定型脳な僕が仕事や家事といった「考えるべきこと」ばかり考えているのに比べると、本当に「豊か」なのは、常時「べきじゃないこと」を考えている妻たち発達系女子なんじゃないかと、常々思うぐらいだ。

ちなみにこうして原稿を書いている前日の名言は、

「サザエさんがカツオぶっ叩いてるときは、ＰＭＳ（月経前症候群）なんだな」

おお。その解釈は本邦初じゃないか？

こうして日々妻名言（迷言）録を更新していくのは、彼女と暮らしている僕の密かな楽しみだ。

良くも悪くも天然。かつて妻が悪性脳腫瘍の摘出手術を受けたときは、生き延びることを願うと同時に、そのパーソナリティが失われてしまうことを何よりも恐れた。

けれどそれでも、やっぱり我が家のお困りごとの上位には「話が通じない」が君臨している。妻の言いたいことが分からない。こちらの言うことが妻にいちいち伝わらない。質問しても答えが無かったり全く食い違った質問で返ってきたり、「〇〇だよね〜」と肯定を求めても「いや〜〜」と否定口調で返ってきた言葉の内容が、言い回しは違っても結局こちらの言っていることと同じだったり。小さな食い違いやすれ違いが毎日ずっと続くと、それはそれで時に耐え難いストレスになってきてしまうのだ。

というわけでまずは前者、「妻が何を言いたいのか理解できない」の方から攻めてみよう。

妻の話が分からない！

前述したように、妻の話を聞いているのは面白いが、それは聞き流しているときだったり、僕に興味がある話題の場合で、そうではないケースで妻の話を正確に理解しようとすると、とたんに難易度が上がる。

そういえば先日、妻が僕のまだ観ていない劇場版ドラえもんを観ていたので、試しにその内容を妻に聞いてみることにしよう。

（※以下、ほぼ会話そのままのリアル再現です。読者様には不快に感じられたら申し訳ない）


「で妻よ、昨日夜中に観てたドラえもん、どんなだった？」

「ネイルが剝がれちゃったから、寝るの遅れたゴメン」

しょっぱなから食い違うが、これは「僕の話が妻に伝わらない」なので、ここではスルー。気を取り直して、

「じゃなくて、ドラえもんはどうだった？」

「ああ、南海大冒険な。ねじまき都市と宇宙漂流記の間の作品。声優はまだ昔のまま」

いやいや、その無駄に突出した記憶力は置いといて、声優のことも聞いてないから、

さっさと内容教えてください妻よ。

「内容な。宝探しをしたいのね。で、宝箱の道具が出るって宝の地図を出したのね。ドラえもんの道具だから、だからピンポイントでしか出ない。指してもそこじゃなかったら出ないのね、宝の地図の。なんだけど、のび太君一発で当てちゃったので、5人で冒険するの、南の島の」

「……全然分からんよ」

「あ、前置き忘れちゃった。図書館で夏休みのグループ課題をやるのね。お決まりの4人でやってて、それでのび太君だけが海のことを調べてるから、みんな海の生き物とか深海とか調べるんだけど、のび太君はのび太君で宝島？　海賊の宝とか調べるのね。それでいつも通りスネ夫とジャイアンに怒られてドラえも〜んで、てれれれれてれれれれてれれれれれれてれれれ♪（オープニング曲）」

歌わないで（涙）。

僕が求めているのは、今回の設定が「海賊の宝探し」だとして、どんな敵が現れてどんな仲間ができて、どんなピンチがあって最後宝は手に入るのかみたいな、ざっくりしたあらすじなのだけど、

「とりあえず宝探しなのね？　で、最後に宝は手に入るの？」

「？.？.」

「宝は何だったの？」

「友達？　いや、のび太君たちは宝は手に入らなくて、途中で出てくる海賊島に住んでる子は宝が見つかるんだけど」

「そうか……じゃあ、あと今回の敵とか、大事な出来事みたいのは？」

「劇中の挿入歌が武田鉄矢ではないぞ。えーと誰だっけ」

うーむ、それは物語にまるで関係ないし、挿入歌を誰が歌ってるかスマホで調べ始めなくていいから！　けれどもああ、いつもの妻だなあという感じ。

これが平常である。いやほんと。分かんないよ。

っていうか、そもそも僕は劇場版ドラえもんを観ても、こんなにディテールを憶えていられる自信無い。僕同様にワーキングメモリが低いはずの彼女がこうして細かいシーンを憶えているのは、その他の家事ややるべきことを放置してドラえもんに注意がゴリラグルーした過集中の結果……。しかもシーンごとにゴリラグルーが起きているので、ディテールを詳細に憶えているシーンと、ゴリラグルーしている間に進んでしまったためにすっぽ抜けているシーンがあったりするから、余計に伝わらん。

とはいえ、今回のこの会話は妻の話の中では比較的分かりやすい部類。少なくとも僕の側にも登場人物のドラえもん＋４人とその人間関係や毎度似たような展開をするという予備知識を持ち合わせているからまだいい。そうでない場合は冒頭の「宝探しをしたいのね」の段階で「誰が？」となるし、いざその「誰」の説明が始まると、その「誰」役をやっている俳優のそれまでの出演作とか、演じる声優のこととか話が延々と続き（彼女も分からなければその場でGoogle開いて調べ出し）、結局その役の人物が社長なのか研究者なのか子どもなのか侵略者なのかも分からない。

一事が万事、彼女の話はこんな感じで、こちらが聞き取ろうとしていることを聞き取れないことが多いし、妻が何か複雑な事情をこちらに説明したくても正しく伝わらないことばかり。

これはやっぱり、我が家のみならず発達系女子と暮らすうえで定番のお困りごとではなかろうか。

「吟味」を知らない妻

では改めて、ここで妻の話し方の観察をしてみよう。まず彼女の話し方には、こんな傾向が顕著である。

● 質問されたらすぐに話し始める（えーと、ちょっと待ってみたいな間が無い）。

●基本的に、こちらが黙っている限りノンストップでずっと話し続ける。
●自分が発した言葉から連想されることを次に話すので、話題が逸れていく。
●話に登場する人物や事象の説明に入ると、その話が詳細で長過ぎ、本題に戻らずに会話が終わることもしばしば。
●脇道に逸れた話題が自分自身のことや自身の過去の経験だと、100％昔話に終始して本題には戻れない。
●自分の知っていることは相手も知っているという前提で話す。
●最終的に何が言いたかったのか、本人に聞くと「？」みたいな顔になる。

おお妻よ。「友達はちょうどいい距離の人がちょっとだけいればいい」なんていつも言ってる君だけど、こんな話し方しかできないあなたがこれまで生きてきた中で、味わってきただろう孤独とか、排除とか、苛立ちとか、深々とお察しいたします……。とはいえ夫婦だからね。話は通じるようになりたい！　ということでよくよく考えてみると、妻の話が分かりづらいのは、一言、「吟味しないで話している」に尽きるのではないかというところに至った。

だいたい普通、2時間近い映画のあらすじを聞かれて、間髪入れずに話し始めるだろうか。通常は、一回物語の全体を思い出し、物語のエンディングまでを説明するためにどこから話し始めて、どこを要点としてかいつまむのかなどを「吟味」して話すと思う。時代や国といった設定、主人公の立場やタイプ、その他重要キャラ、出来事の起承転結など、考えもせずいきなり話し始めてすべて相手にうまく伝える方が難しい。

が、妻の場合は、まず自分が**物語について思い出せるところから話を始め、自分が話したことをフックに頭の中に思い浮かぶことを次々にそのまま口にしていき、それが物語を伝えるための本筋と外れていてもかまわず、その脇筋の話に情報量が多ければ滔々とそれを語り続ける**のだ。

さあ、どうだろうか?「吟味しない」……。分かる……。僕自身、高次脳機能障害の当事者になった立場から言うと「吟味なんかできるか!!」なのだ。

言葉を脳内で組み立てられない不自由

当事者になってかなりの長期間にわたって、僕が最も不自由な思いをしたのが「上手に話せない」ことだった。特に複雑な内容を相手に伝える説明的、説得的な会話が最も苦手になってしまい、ずいぶん苦しみ不安な思いをしたものだ。

何しろ例えば街中でおまわりさんにとんでもない冤罪で身柄を拘束されたとしても、正しく自分の言い分を伝えられる自信が無い。街中で肩がぶつかったぶつからないかの話で怖いお兄さんにオイコラ言われても（最近そんなお兄さんおらんけど）、その場をやり過ごす言葉が無い。

障害が理由で何か失敗しても、どうして失敗してしまったのかを相手に説明できず、どのように配慮してくれたら失敗せずに済むのか、理解してくれない相手に対して説得することもできない。

病後の僕の脳が、「**言葉を吟味する機能**」、すなわち「**頭の中で出すべき言葉を選んだり、頭の中で筋道立てた言葉を構成する能力**」を失ったからだ。

僕は、自分で自分を説明する言葉を失うことが、単に不自由というレベルを超えて「耐え難いほどの心許なさ」「強い不安・恐怖」になることを、生まれて初めて知った。もちろん、伝わらない、聞き取ろうとしてくれない相手への不信や怒りもそこには伴う。

妻よ……そして僕がこれまで出会ってきた発達障害の当事者たちよ。これが君の生きていた世界かよ……。言葉を発せない世界って、こんなにも怖いのか。

僕の脳裏に浮かぶのは、なぜか、青々としたタトゥだ。

僕は、かつて取材した「寡黙な（緘黙《かんもく》傾向のある）不良少年」が、明らかに自分の方が悪くないトラブルに巻き込まれても自分の正当性を主張できず、「うるさい、だまれ、ぶっ刺すぞ」みたいな剣呑な言葉で対話を強制終了させようとしたり、リアルに殴りかかってしまうような場面を何度か見てきた。

自分に正当性があるのにもかかわらず、なんであえて自分が不利になるような行動を取ってしまうのか。それは言語の代わりに暴力を使う家庭環境で育った子だからか。にしても、衝動的過ぎるし、理解し難いその行動。でも、ああ、今なら分かる。

怖かったんだな。言葉にならない。分かってもらえないのに責められる。話せないうちに、自分が一方的に悪いことにされてしまう。

悪夢のようなその瞬間、脳内で言葉を組み立てられない彼らにとっての必死の抗いが、その暴言と暴力だったのだろう。

そういえば妻にも20歳ぐらいまでは、言葉にならない、理解してもらえないことに対しては「先に手が出そうになるのを抑える」という苦しさがあったという。何かの問い詰めに黙り込む（返す言葉が出ない）妻に対し、「都合が悪いことは無視か」「人の話聞いてないの!?」なんて理不尽に責め続けてきた僕も、よく刺されなかったな。

記憶が悪けりゃ言葉も出ない

これまた想定外の猛烈な不自由感だったが、背景にある障害は、比較的単純だ。僕の場合、話しづらさに最も大きく関係したのが、脳内の言葉や思考がどんどん消えていってしまう特性、すなわちワーキングメモリの低さだった。

なにしろ伝えたいことに適切な言葉を思い出そうとしているうちに、伝えたいことが頭の中から消えていってしまう。言葉が出てきたとしても、それをどう組み立てどの順番で相手に話せば理解してもらいやすいのか、言い始めから忘れていくし、考えを深めるうちに一度思い浮かんだ組み立ても忘れる。

何とか話しても、話す先から自分がすでに言ったことを忘れて「あれ、これさっき言った？」となるし、混乱しているうちにそもそも自分が何を言いたかったのかさえ思い出せなくなる。

忘れる、忘れる、忘れるから、なかなか話せず、言葉が出ない。大抵の場合、相手が先に話し始めてしまうが、その瞬間に「記憶（思考）消去の大津波」が脳内を駆け抜けていき、相手が既に話した内容も自分が伝えたいことも何もかもが、脳内から消え去ってしまうのだ！

くそ！　頼むからこちらが話し終わるまであんたは黙っってて！

ちなみに僕の場合、こんな致命的な症状の対策として、まずは言いたいことを徹底的に文書化するという対症策を取った。思いついたことをバラバラにでも書いていけば、その思考は紙やパソコンモニター上の文字という「消えない情報」になって、見ながら伝えやすい言葉に組み立てていける。相手に伝える際は、その文書を見ながら話してもいいし、手渡して読んでもらってもいい。

これが僕の採った高次脳機能障害当事者としての「話術」。だがそう考えると、実は妻のあの話し方も、どうやら上手に話せない「彼女なりの話術」ではなかったかと思えてくるのだ。

思考が消える前に口に出す

妻の話し方と僕の話し方を比較する際、言葉をジグソーパズルのピースだとすると、分かりやすい。

僕の場合は頭の中で思い浮かんだ（探し出した）ピースを、同じ頭の中である程度組み立てて絵柄として分かる塊にしてから、声に出すタイプ。だからこの組み立てができないと声が出せなくなってしまったし、ピースを頭の外に出して組む＝文字にして書き出すことを選んだ。

一方で妻は、**頭の中に出てきた言葉や思考のピースを「消えてしまう前に」、全部声にして出してしまい、「対話の中」で組み立てていく**タイプ。とりあえず声に出力してしまえば、相手にもその言葉の記憶は残るし、自身にも自分の声としてフィードバックされる。

もちろん聞いている側はパズルのピースだけ出されても分からないので、

「それって〇〇ってこと?」

「そうじゃなくて〇〇」

と確認しつつの対話の中で、パズルのピースが徐々に絵柄になっていくというスタイルだ。

とはいえそこには妻の注意障害も絡んできて、頭に思い浮かびやすい印象の強いピースからバラバラに出してくるし、こちらが確認してもその確認への答えではなくその時頭の中で一番注意がゴリラグルーしているピースから出してくる!!

だから、話を組み立てて理解しようとしているこちらはいちいち話が食い違うし、絵柄が見えて来るまでに時間がかかって、イライラすることもあるわけだ。

挙句の果て「ちゃんと言いたいことをまとめてから話して!」というと、マシンガントークは唐突に止まって、ほとんど緘黙みたいなことに……。

そうか……。中途障害である僕は、かつて頭の中で自分の話したい言葉のピースを絵柄にしてから話す習慣があったから、そのままやろうとして話せなくなってしまった。一方で元々その「脳内で言葉のピースを組み立てる」機能が生まれつき低い妻は、この対話の中でパズルを組み立てる話術で生きてきたが、いざ「絵柄にしてから声にして」と強要されても、それは機能的に不可能＝黙るしかないわけだ。

けれどここでふと思うのは、妻のような言葉のピースを会話上で組み立てていくタイプの話し方は、一方で「雑談力の高さ」と言われるものじゃないかということだ。

定型発達の話し方を押しつけると非定型者はコミュ障に

人と人が何の気なしに言葉を交わしていくとき、基本的に人は脳内で言葉のパズルを「組み立ててから話す」ということはしないもの。常に短い言葉のキャッチボールを必要とする妻の話し方は、短い時間で「何かを説明する」「合意形成を求める」際には不効率だけど、そこには互いに言葉を出し合って会話の絵柄を形成していくダイナミズムがある。

実際妻は、初対面の相手に何か自分との共通点が見つかったとたんに言葉のピースを乱射して、あっという間に相手との関係性を作ってしまうようなところがある。あれは僕には無い才能だし、立派なコミュ力だ（その共通点が見つからない相手の前ではひたすら黙っているけど）。

そう考えれば、そもそも夫婦間の会話で毎度合意形成なんて必要あるだろうか。妻から正確に何かを聞き出さなければならないときだけ、この「一緒にパズルの絵柄を作る」に協力すればいいだけではなかろうか。

はてさて、我が家の困りごとを掘り下げると、常に「機能的に不可能だったこと」に対して「どうしてできない？」と問い詰める僕の加害的な像が浮き彫りになる。**定型発達サイドの会話方法をスタンダードにすると、非定型者はコミュ障になる。**

かつて僕が発した「話が分からない。意味が分かるように話して」の問い詰めに黙り込んだ妻は、大いに困っていたに違いない。僕が投げかける問い詰めが理不尽なものであれば、前記したような暴言や暴力衝動と戦っていただろう。けれどそんな妻の様子に対して僕が常々思ってきたのは「すぐ不貞腐れる」「都合が悪くなると黙るキレる」「逃げている」だった。

やっぱりこれは、間違いなく虐待だった。

ということで、ではどうしよう。前記したように家庭内での会話に毎度合意形成なんて必要無いが、他愛ない雑談の中でも妻の言わんとすることが理解できずに僕の側が困ったりイライラするシーンはどうしても起きてくる。

やはりこれも、片付けと同様、定型発達サイド（僕）の側が調整、協力したほうが楽だろう。具体的には「分かりやすいように話す」という無理な課題を押し付けず、彼女の出力するパズルのピースを組み立てることに、「積極的に協力する」タイプの対話だ。

共に絵を描くような対話

ということで試してみた。一歩目は、こちらが分からない部分を全て質問で返すことだ。

「それは誰の話なの」「いつの話なの」「どこの話なの」「何かをして、結果はどうだったの」。つまり、いわゆる5W1H（いつだれがどこでなぜどのように）がすっぽ抜けがちな妻のために、足りない情報は逐一聞き返す。

そして話題がある程度逸れたのに気付いたら、「さっきの話は結局どうなるの」と話の軸を元に軌道修正したり、ある程度話がまとまったら「じゃあ君の言いたいことは◎

◎なのね」と中間整理や総括してやることも大事だ。
そして、僕自身の返答も、妻の思考が本題から逸れないように、あまり筋から外れたことは言わないように心がける。

するとどうだろう。たったこれだけのことで、妻の話は俄然整理されて分かりやすくなり、いつもの倍は話すし、しかもやたら嬉しそうなのである。

「え、なんで君、そんな楽しそうってか、嬉しそうなの？」

「そう？」

「普通さ、話していることにいちいちこんな軌道修正とか聞き返しとか突っ込まれたら、いいから黙って聞いてよってイライラしない？」

「しない。つかむしろ楽しい」

……どうしてかなと考えて、ちょっとどんよりした気分になった。

人に分かりやすく話すことが苦手な妻は、自分の話を適当に聞き流されたあとに「何が言いたいのか分かんなかった」みたいに言われる人生をずっと送ってきているから、**相手がきちんと正面から話を聞く姿勢になることだけでも、純粋に嬉しいみたいなの**だ。そして、彼女の話を聞き流している主犯は、言うまでもない。人生の大半を一緒に過ごしている僕だ……。

そう言えば、20年近く前、付き合い始めの頃の僕たちは、よく筆談をしていた。一枚の紙にお互いに書きたいように文字を書いていくのだが、筆談というのはまさに書きながら互いの言葉を補完して共に言葉のパズルを組み上げていくタイプのコミュニケーション。何より対面での筆談を「聞き流す」ことはできないから、僕もきちんと妻の話に向き合っていた。

一緒に暮らして職場も同じだったのに、ＰＨＳ式携帯電話で超長文メールのやり取りを毎日していたし、インターネット普及期に流行ったＩＣＱ（チャットソフト）でも、同じ部屋に別々のパソコンで無駄にたくさんの会話をしていたな。

そうだ。昔はあんなに真正面から彼女の言葉を理解しようと、僕も努力していたはずだった。いつから僕には聞き流し癖がついたのだろう。いや、恐らく非定型発達で話が分かりにくいパートナーと生活していれば、どうしても聞き流し癖が常態化しがちだし、こんなことはやっぱり多忙な夫婦間なんかじゃ当たり前に起こりうることなのかもしれない。

よし分かった！　改めて姿勢を妻の方に向け、これからはきちんと君の話を聞くよ!!

聞いてくれない妻、食い違う会話

なんて前向きになるも、発達系女子、やっぱり手ごわい。甘くはない……。

ここまでは、「妻発信の話を僕が理解する」際の問題解決。だが、実は妻がその障害特性を最も顕わにする＝僕が苛立ちをつのらせるのは「僕発信の話」を妻が受け止めるシーン。妻が僕の話を理解してくれないとか、「ことごとく食い違う返答」をしてくることで、会話が成立しないことなのだ。

例えば妻と映画館に行った後の会話は、こんなことになりがちだ。

「妻よ、今日の映画は、総合して点数つけるなら何点だと思う？　まあ俺は総合すれば100点だったけど、いくらなんでも犯人が序盤でバレ過ぎかな。音楽も演出も良かったけどね」

「そうか、あたしはちょっと違うな。犯人役の○▽◇×さんって、バイプレイヤーとしてはベテランじゃん。この監督の過去作にも毎回出てるし、その前にも××とか×××とかにも出てたし、ちょっと待ってね」

スマホを取り出し、その脇役の情報をウィキり出す妻。

「いやいや、今役者の話はしてないでしょ？　妻はこの映画、どうだったの？」

「この監督の前作よりは良いんじゃね？」

「じゃなくて、総合点数は何点なの？」

「100点かな」

「君さっき、あたしはちょっと違うとか言ったじゃん？　100点なら俺と一緒じゃん」

「ちょっと違うんだな〜」

「でも今って、映画の総合点数は何点かって話だよね？」

「へ？」

え〜〜〜？？？？

「人の話を聞かんか！」

毎度毎度、こんな感じで食い違う我が家の会話。これが友人たちにとっては面白いらしく「おまえんとこは24時間夫婦漫才みたいだな」なんて言われ続けてきたが、ほぼ全ての会話がコレって状態が20年以上毎日続いてみろ！　毛が抜けるわ！

とまあ、映画の感想なんかならまだしも、まじめな話でも大事な話でも、それこそ合意形成が必要な相談事だったとしても、妻は全然聞く態度になってくれないし、返事をしても聞いたことと違うことが返ってくるし、いちいち話が食い違う。

さらに言えば、こちらが伝えたはずのことを後になって「聞いてないよ」と言われることも多いし、何かお願いしたり約束した筈のことを平然とすっぽかされてしまうことも度々あるときた！

妻と話が通じない、指示が通らない、頼んだことや約束したことも、守ってもらえない……やっぱりこれは、夫婦漫才なんてお気楽なものじゃない。非定型発達な妻と暮らしていくうえでのお困りごとの中でも、かなりの上位ランクなのである。

聴き取れない理由も、注意と記憶

けれど、どうだろう。実は高次脳機能障害が重かったときの僕も、人の話を聴き取るのがとても難しかった時期がある。

まず、ワーキングメモリが低いことで、相手の話が長いだけでも、話し始めの内容が頭の中から消えていってしまう。さらに、相手の会話の中に「それってどういう意味だろう」とか「知らない言葉だな」というような語句が出てきたり、話が枝葉に逸れたりするだけでも、アウト。語句について「どういう意味だろう」「これは元の話とどう繋がるのだろう」という思考に注意がゴリラグルーしている間に相手の話が進んでしまい、その間馬耳東風モードになってしまう。相手の話を聞きながら返す返答を考えてもまた、一度聞いた話の内容は頭の中から消えていってしまうのだから、もう会話にならない。

そして、

「なんか誰と話してても、**経済用語とかビジネス用語とか聞き慣れない英単語を大量に織り交ぜて早口で話す三流セミナー講師みたい**なんだよぉ……」

そんな泣き言を漏らす当時の僕に妻が言ったのは、

「大ちゃん分かる。それ、めっちゃ分かるよ。あたしも子どもの頃からずっとそうだったから」

……やっぱりそうだ。僕がそうだったように、妻も不まじめゆえに人の話を聴き逃しているわけじゃなく、ワーキングメモリの低さや注意障害の合わせ技で、人の話を聴き取ることに困難を抱えている。妻は僕なんかより地頭も記憶力（覚えたいと思うこと限定の）もあるから、余計不まじめで怠惰な奴と言われ続けたに違いない。

話が通じないなんて言って、すまん妻よ。君は必死に聞いていても、憶えていられるのは話の一部分だけで、それ以外のことを聞き逃してしまうんだね。相手の会話全体や最終的な質問とかじゃなく、相手の言葉の中で注意がゴリラグルーした言葉に返答するし、しかも連想した末に頭の中に残っている言葉のピースから返そうとしたりするから、いちいち返事が食い違うんだね。

舞い戻って、冒頭の映画の感想の会話であれば、妻の思考はこうなっていたはずだ。僕が映画の総合評点をしようと話を始めたものの、それを聞いている妻の注意（思考）は、「犯人役の演技か演出によって物語が序盤からネタバレ感がある」という僕の意見にゴリラグルー。

妻の脳内では「その犯人役は○▽◇×さん↓○▽◇×さんはバイプレイヤーとしてベテラン↓過去の出演作には今日の映画の監督の作品も多い」などと**思考が展開しているうちに、すでに僕が聞いた「映画の総合評点」の話題は妻の脳内ノートからスッと消えてしまっている**。

さらに僕が「今その話じゃない」と言っても、一度脳内で展開しだしたその脇役や監督の過去作への思考にゴリラグルーな状況を、切り替えることができない。

そして、いざ返答しようにもひとまず頭に浮かんだ「パズルのピース」から出してくるものだから、質問とは食い違う、話を聞いていないかのような返答になってしまったのだろう。

ちなみに、前章最後で家事面で進化した妻を僕が褒めた言葉に「包茎手術の広告が今もエロ本に載っているのか」という謎過ぎる返答をしたのも、進化した妻↓ひとつ上の妻↓「ひとつ上の男に」（過去男性誌で掲載され続けていた包茎手術専門病院のキャッチフレーズ）↓今もエロ本にあの広告は？　という流れらしい。

むしろその連想で一瞬で返してくる頭の方がハイスペック過ぎんだろ！

と思いつつ、一応確認。

妻の怖れる「誤った返事」

「妻よ、映画の感想なんかならまだしも、僕はまじめな相談事でもいつも話が通じないって感じていかます。でも、もしかして僕の話って、聞いていて意味が分かりづらいですか？　枝葉が多かったり、注意を乱されて聴き取りづらい話し方をしていますか？」

「えーと大ちゃんは言い方がきつい」

「？　言い方とかじゃなく、意味が分かりづらい、難しい言葉とかが多くて、意味を考えているうちに話が進んじゃったりする？」

「言葉は難しいけど、あたしは言い争いとかが嫌」

？？？？　うう……食い違う（マジ冗談ではなく会話そのものを再現してます）。

分かりづらいですか？↓言い方がきつい。

言葉が難しい？↓言い争いが嫌。

まさに我が家の会話が通じないストレスをこの場で再現してしまったが、今回ばかりは食い下がって、妻のまとまらない話を丹念に聞いてみることにした。で、1日半（マジのマジ）かかって聴き取った内容を翻訳してまとめると、ちょっと驚きなのだった。

こうである。

「大ちゃんの話し方がきついと、間違った返事をしたらどうしようって考えて、考えているうちに話が聴き取れなくなったり、大ちゃんが何を言いたいのか分からなくなっちゃう」

「自分が間違った返事をしたことで怒られるのも嫌だし、何より人と言い争いをすることが嫌いだから、返事が難しい話だなって思ったらその話は聞かない。話に加わらないようにして、別のことを考えて聞き流してる」

「意見を求められたら」→「聞き流す」って、マジで？ いやいや、マジで人の話を聞いていないとは思ってなかったけど、この返答には大事なヒントがたくさん含まれているではないか！

つまり内容が難しい会話において妻の脳内でゴリラグルー現象が起きているのは、難しい単語や枝葉の話もそうだけど、何より「**誤った返事をしてはならない**」という、**思考そのもの**。

緊張や不安を伴う思考がいかに脳の認知資源を消費させ思考活動を妨げるのかは僕も散々経験済だが、妻の場合は40年以上の人生の中で受けた叱責や否定や、招いてしまった言い争いのトラウマそのものが、「聴き取れない」の根底にあるということだ。

だからと言ってこの歳まで「対応が困難な話は聞き流す」という開き直り的対処策でやってきているのは「さすが当事者」としか言いようがないが、ここで苛立っても全く生産的じゃない。

想定以上の事態に、困った。これはいったい、どうすればいいのだろうか？？

ラスボスは、合意形成

まず、家庭内の会話は本来いくつかのパターンに分けられると思う。

①映画の感想のように、他愛ない会話。
②何かを依頼する、何かを指示、約束する。
③決めなければならないことを説明・相談し、合意形成を得る。

①については、妻の「雑談力」に付き合い、言葉のパズルを会話の中で一緒に組み立てていくので良いだろう。これはもう解決事案。これがストレスになるのは主に**僕の側**

に妻の話を聞き取ろうという態度が無いことが主因だ。

では②についてはどうか。

僕が相手の話を聞き取れなかった時に、一番助かったのは、「ゆっくり、論旨が単純明快で、枝葉の無い会話」だった。ちなみに当事者となって初めて知った「単純明快な論旨」の条件とは、「受け取り方のバリエーションが少ない」だ。

それは、いろんな意味に解釈できてしまう言葉を投げかけられると、それはどう受け取ればいいのだろうという思考に注意がゴリラグルーして、その間に相手の話が進んでしまうというのが障害特性だから。

なので対策としては、指示から余計な情報を一切排除して、「○を何時までにやって欲しい」ぐらいに単純化。そのうえで**口頭の指示という脳内で消えやすい情報を消えない情報にするため、彼女にメモを取ってもらったり、逆にこちらからメモにして渡せば問題は解決する。**

もちろんメモで渡す方がベストなのは言うまでもない。実際僕も高次脳になってしばらくは「仕事の指示については文書で」を担当編集者たちにお願いしたが、それは自身で指示を「聞きながらメモる」のがそこそこ困難だったからで、「今やった打ち合わせの決定事項だけメールしておいてください」なんて面倒なお願いに対応してくれた担当には心底感謝した記憶がある。

では最大の難関である、③についてはどうだろう。

これは実はかなりの難題だ。非定型発達当事者と暮らすうえでのアドバイスをまとめた本には、男性当事者との話の通じなさぶりにカサンドラ症候群になってしまった女性向けのものもあるが、いつか読んだ本に「合意形成を求める会話はそもそもしない」とズバリ書かれていて、白目になった。

家庭の運営上「そもそもしない」じゃ、やってけない場面があるだろうよ！

それはどんなに言葉を尽くしても合意形成が得られないことでカサンドラを悪化させてしまうリスクの方に配慮した戦略だとは思う。けれどそれは、行き詰まった局面でどうしても必要な「自己防衛」である一方で、堂々の敗北宣言のようにも感じた。

では改めて、この③、ほんとどうしよう……。

まず話の「場」を整えることから

しつこ過ぎるけど本書の肝は、「定型サイドが困ったら非定型サイドの特性に着眼せよ」だ。

この課題もそのロジックに従って考えた時、実は一番初めに気付くのが、まじめで複雑な話をするには「家のリビング」が妻の障害特性的に情報過多すぎるということだった。

茶の間で妻をテーブルに呼んでまじめな話をしても、妻の目に映るのはスマホ、漫画本、テレビ、やり残した家事。我が家には猫が5匹も同居していて、奴らは人が話しているとその声に反応して鳴いたりすり寄ってきたりするから、妻の注意はいつもそうした「聞くべき話以外」の情報にゴリラグルーして、まじめな話は開始することがそもそも困難なのだ。

話し始めようと思ったら猫におやつ、戻ってきてちょっと話し始めたら「ゴメンちょっとトイレ」。トイレにスマホ持って行って帰って来ない……。こちらは話を始める前から「こいつ聞く気が無いな」とイライラする、我が家では定番のストレスフルな場面だ。

ということで、我が家ではマジな相談事があるときは、まずその内容とこちらの主張をできる限り簡易な文書にして、妻が落ち着ける場所で読んでもらうことから挑戦してみることにした。その上でさらに妻の返答を求める場面では、「どう思う?」「考えが聞きたい」という、ざっくりした設問ではなく、**想定しうる回答サンプルを具体的にいくつか提示して、その中から妻が思うことと一番近いものを選んでもらえば良い。**

それは、いくつもの選択肢や設問の受け取り方のどれが正しいのかを考えているうちに本題が分からなくなったり、「変な回答をしてしまったらどうしよう」という思考に注意がゴリラグルーすることで思考力が落ちたりしないための配慮だ。

鈴木家初の合意形成！

実はこの妻と合意形成を求める対話をどうしていこうか悩んでいるときに、我が家には奇しくもその対話が必要な緊急事態が訪れていた。相談は、末期の腎臓病を患っている猫の「今後の治療方針」についてだった。

既に腎臓の組織のほとんどが機能していなくて、尿毒症も進行している。毎日獣医のもとに通院して水分を輸液しなければほとんど自力で補水も採餌もできない状況。そんな猫について、まだやれる免疫系の注射や貧血の対策にかかる医療費も試算の上で提示し、獣医と相談して期間やかかる医療費を「どこまで」とあらかじめ決めて、そこで断念するか、それとも経済的なリスクやその他の猫に今後かかるであろう医療費を度外視してでも命尽きるまで諦めずに通院し続けるのか。それこそ以前の妻であれば全く相談できなかったような重い内容を投げかけてみたのだ。

落ち着いた環境で、文章化した相談を、具体的な返答の選択肢と共に提示するという、これまで無かった対話の方法。するとどうだろう。妻の中でも相談したい論題や選択肢が整理され、なんとか相談ごとを共有したうえでの対話モードになっていく。もちろん内容が内容だけに、妻の顔も深刻で言葉もポツリポツリとしか出ないけれど、これまで何度となく挫折してきた「ふたりで結論を出さなければいけないという認識の共有」に、やっとたどり着いた。

そこまで来たら、口頭での最終的な意思確認＝合意形成の場所に選ぶのは、できれば車の中とかの情報の少ない空間だ。そしてそこでも、いくつかシンプルに質問をしながら、

「イエスかノーか、分からないの三択で答えてほしい。ただ、一度言った答えを後からやっぱり違ったって訂正しても全然ＯＫ」

「どんな返答をしても僕は不機嫌になったり怒ったりしないと約束する」

という宣言の下で、妻の気持ちを聴き取りながら意思決定に絞り込んでいくという手段を取ってみた。

猫のこととはいえ、これは我が家で預かる複数の命のトリアージ（選別）に関わる話だから、妻と僕の出した結論はここには書かない。が、こうした試みを重ねることで、妻は慎重に状況を考え、僕の言葉に耳を傾け、冷静な合意形成にまで付き合ってくれたのだった。

悩み抜いて脳の認知資源を使い果たしたか、妻が（僕も）そこからしばらく寝込んで起き上がれなかったのは、言うまでもない。重過ぎではあったけど、ここまで妻と真剣に相談しあって合意形成を導いたのは、20年以上共に暮らして初めてのこと。その機会を与えてくれたのは、いまは亡きあの猫の最期の置き土産だったと、僕は思っている。強くて立派な猫だった。

非定型サイドが先にカサンドラ化している

正直、ここまでしなければ妻は僕の相談事を理解できず、自分の意思を僕に伝えられないのかとも思う。けれど大事なのは、こうしてきちんと条件を整えてやりさえすれば、妻は相当に複雑で簡単には答えが出ないような相談事でも僕と共有したうえで、意外なほどしっかりした意思と考えを表し、合意形成に至れるということだ。

ああ、ここに至ってほとほと身に沁みさせられるのが、そもそも妻はかなり知的な思考ができる反面で、**徹底的にその思考力を「過小評価」されてきた**ということだ。面倒くさいことは考えずにフィーリングで生きてるようにも、精神年齢が低く見られがちなこともある妻だが、自身の思考を言語として表出して人に伝えることがめっぽう苦手なだけで、脳内の思考は結構深く知的で、生きづらさの中を生き抜いてきた分、年齢以上の老成を得ている。

にもかかわらず、定型サイドの相談スタイル・定型サイドの合意形成スタイルを押し付けた結果、妻は「自分は何を言っても真剣に受け取ってもらえない。きちんと考えた答えを言っているつもりなのに、食い違ってるとか聞いてないとかふざけてるのかとか言われる」という絶望を何度も味わい、結局「開き直り」に至っていた。

なんだ。**先に「定型発達の当たり前」によってカサンドラ化させられてたのって、ずっとずっと「聞いてもらえない」に苦しんできた妻たち発達系女子の方だったのでは？**

こうして、我が家の大きなお困りごとだった「話の通じなさ」も、長い時間をかけ苦しい思いもして解けていったけれど、こうなって改めて思うのは、妻たち発達系女子との対話に、何を求めるべきかということだ。

確かに発達系女子な妻には、人に分かりやすく話したり人の話を聞くのが苦手という不自由があり、本人が工夫したり僕の側で対策しなければ、それは障害になる。だが、その不自由全てに対策しようとすること、つまり常にこちらの言葉を正しく理解し、すれ違いの無い回答をする妻になってもらおうとすれば、妻たちの面白さや豊かさや、個性そのものを「矯正」するみたいなところにまで行き着きかねないのだ。世の中に「正しい個性」なんてあるだろうか？

妻よ〜
ゆうべの「ドラえもん」
どーだった？
語りたい
ことがあると
「ドラえもん」!!
インパクトのある
パーツから次々発語し
あとで組み立てるのが
妻のスタイル
わ
わからん!
宝さがしをしたいのね!
指しても
バラ
バラ
なので僕たちは
パズルを組み立てるように
会話しコミュニケーションをとる
誰が？
誰と？
どこで？
そんで？
いやいや今
歌うとこ
ちゃうし
こんな
ツッコミの多い会話
楽しい？
けど…
楽しい!
今まで誰も
ツッコんでくれな
かったも〜ん
ボケが生きるのは
ツッコミがあるからこそ

ハッ!!
それって
今まで僕が
妻の話をスルー
しまくってたせい
……?!
うおーーん
ドラえもん
並みにおもしろい
なー大ちゃんて

少なくとも僕は、「今日は暑いね」と言ったことへの返事が「暑いね（終了）」ではなく「家に戻っていい？」（暑い↓薄着↓日焼けする↓日焼け止め忘れた↓取りに帰る！の連想から）ぐらいの妻らしい妻の方が、やっぱり一緒に居て楽しいと思える。

ということで、少なくとも我が家では、指示や約束事、相談事といった対話以外の日常会話では、夫婦漫才を貫く＝相手に正しく意思を伝えることはあまり重要視しないことにした。人生の中で今後、また真剣に問題を話し合って合意形成に至らなければならないシーンは来ると思うが、その時はまたふたりで一緒に苦しんで、一緒に倒れようと思う。

第6章

発達系女子と将来像の共有ができない

未来の話が一切できない

はてさて、前章では雑談・指示や約束・相談事と、妻と話が通じない不自由の解釈と対策について細かく掘り下げたが、実は妻と話が通じない（というか話にならない）ことでは、まだもうひとつ別の困りごとが残っている。それが、妻とは「将来について話し合うことが一切できなかった」ということだ。

「ふたりの将来を話し合おう」と言えば、まず連想されるのは、結婚だろう。僕が妻にプロポーズしたのは同棲から5年経った頃のこと。けれど、あの時の返答もたいがい、酷かった。

「結婚してください」（マジ顔）

「この指輪って、質屋に持ってってたらいくらになるかな」（マジ顔）

「……」

まあこんな返答は、彼女が頭の中に思い浮かんだ言葉をそのまま口にしてしまう特性があるのが原因と、今なら分かる。一生のネタだけどな。けれども問題は、その後のことだ。

通常、カップルが結婚に至るまでには、多くの相談事があるだろう。両家に挨拶に行く日取り、親族に案内状をいつ出すか、式場の見学や予約をいつにするか、そもそも結婚式をいつ頃にしようか……。けれどもなんと、彼女とはそうした「予定を立てる」話が一切できなかったのだ。

当時の妻の対応といえば、まず分厚い結婚情報誌を買ってきて、読まずに寝室の枕元に放置プレイ。その上にさらに関係ない本が積まれていくのを見かねて話をしようにも……。

「どうするよ式場。なんか良いとこあった？」

「いいよ、大ちゃんが決めて」

「まあ、式場は俺が決めるのはいいけど、いつにする？　秋ごろかな？」

「あたしそんな先のこと分かんないし」

「でもそれ決めないと、案内も出せないじゃん。案内出すなら早めにしないと、先方にも都合があるんだから」

「いいよ適当で」

い……い……イライラする‼

結局、あらゆる日取りの設定や手配は僕主導の僕一任で挙式に至ったが、その間傍観する彼女の定型句は「忙しいのは大ちゃんなんだから、大ちゃんの都合の良い日程で考えればいいじゃん」「あたしは先のこととか考えられないから」。

その後の人生でも、こうした「未来の予定を考える」会話は一切できない妻には、要所要所で苦しんできた。前章の「合意形成を求める会話」と違うのは、いわゆる「長期計画」の全てにおいて、妻との話が全く成り立たないというか、妻が一切話に乗ってこない点だ。

貯金して中古の一戸建てを購入する。

どんなエリア、どんな家に住みたいか？

家を買ったから引越しの予定を立てよう。

年老いていく親のケアは、どうしていこうか。

取材記者以外の仕事に挑戦してみたいがどうか。

僕自身が脳梗塞で高次脳機能障害の当事者となって、その後の収入や人生をどう設計していくべきなのか。

そんな人生にかかわる相談のみならず、庭にどんな植木を植えて将来どんな庭にしていこうかとか、旅行に行く日取り、旅行に行った先でどんなスケジュールで動くかなんてことまで、彼女の返答は「大ちゃんの好きに決めればいいじゃない」で全て一任。かと思いきや、僕の計画に沿って何かをしている最中には、それなりに指摘や要望を加えてくるから腹が立つ。

だったら初めから相談に乗らんかい！

妻とは未来の話や将来設計ができない。ちなみにこの「一緒に人生設計ができない」「頼りにならん」なお悩みは、ASD（自閉症スペクトラム）な夫と暮らす妻が陥るカサンドラシンドロームの当事者からはよく挙がる定番の悲鳴らしい。確かにそもそも女性が家庭の主導を「しづらく」できているこのジェンダーギャップバリバリの世の中で、夫がずっとこんな感じだったら「この人と暮らしていて本当に大丈夫なのか」と不安を抱え続けることになるだろうし、実際彼らの無計画ぶりに従ってたら、家庭運営なんてハンドルの無い車のアクセル踏み込むようなもんだ。それは、どれほどの苦痛なのかと思う。

我が家の場合は運良く僕のシングルインカムでなんとかなっているし、出会った当初から夫婦とも「子どもは産まない」で合意していた。けれど、僕が妻の側で、ふたりの間に子どもまでいたら、この「将来の相談ができない」は確実に離婚案件だったろうと思う。

僕が逆カサンドラにならなかったのは、やはり僕が男で、話の通じない妻に対して精神的DVそのものの文句を散々言いまくれる立場にあったからに過ぎない。

約束の時間を守れない妻

ではこの「長期計画を共有できない」の背後には、妻のどんな障害特性があるだろう。考えてふと思いつくのは、妻には「時間感覚の不自由」を感じさせるエピソードがたくさんあるということだ。例えば最も鮮烈な記憶は、今をさかのぼること20余年、妻と僕が同じ職場で働いていた時、彼女と交わした会話だろう。

「今の作業終わったら、この作業お願いいね。大体何時ぐらいに終わりそう？（それが分からないと予定が組めないし取引先にアップ時間を伝えられない）」（僕）

「**ええと、終わったときが終わるときです**」（妻）（真顔）

「大体でいいから」

「分かりません」

とりあえず初めはあっけにとられた。少なくとも仕事の場で、似たような返答を聞いたこと、僕はそれまでの人生で一度も無かった。けれどマジでこれを何度もやられ、結局彼女には「とにかく進められるだけ進めなければいけない」みたいな工程数の多い作業とか、逆に急ぐ必要の無い仕事とか、短時間で終わりそうな仕事でも「泊まりでやって、終わるまで付き合うから」みたいなお願いでクリアしていたものである。

その後同棲から結婚、今に至るまでずっと、彼女のこの特性には随分と苦労させられてきた。

時間絡みでいえば、最もストレスがたまったのは、妻と連れ立って共通の知人のもとへ「約束の時間」に間に合うように向かうシーン。妻には「その日いちにちだけのスケジュールを組んで時間通り動く」ということすらできず、どうしても間に合う時間通りに出るということができない。

そんなときの僕は、自分だけ先に用意を済ませて車の中に乗り、5分10分と予定から少し余裕を持って伝えた出発時間から余裕が削られていくのにこめかみに青筋を立て、遅れているにもかかわらずゆっくり庭を歩いて出てきたり（妻はこういう時絶対に走らない）、鍵をかけ忘れて戻ったり、庭の猫の相手をする彼女をミラー越しに見ながら、ひたすらストレスを溜めることに……。

「ゴメンゴメン」

「20分遅れた（怒）」

「だって猫が」

「車ってどんだけ飛ばしても20分短縮ってできないよ？　俺に事故れと？」

「いいじゃんべつに。そんなに時間に正確なのって大ちゃんだけだよ」

「……（無言で出発）」

「あ、財布とスマホ忘れた」

ううう……こんなことが何十年も続いてきてるけど、実は我が家のこのすれ違い地獄、相性の問題も多分にある。

というのも、妻の育った実家は比較的時間にルーズで、親族で集まるときすら明確な集合時間が定まらない。少ない友人は似たようなタイプが集まって「全員揃った時間が集合時間」。そんな中で中高6年間で全学年遅刻数ナンバーワンをコンプリートしたというのが、ルーズ女王の我が妻である。

一方の僕はというと、全く逆。5分刻みで予定を立てるのが当たり前の家族の中で育ち、スポーツや仕事のシーンでは「新人はみんなより先に来て掃除、整備、全員に挨拶」という感覚の集団に属してきた。いわば「遅れてくる新人は舐めてるか戦力外」という感覚。

ということでまあ僕の側にも問題はあるけれど、結婚式でもお葬式でも、チケット取っちゃった新幹線に乗るとかといったシーンでもこれじゃ、やっぱり大！大問題！　なのじゃあああ！

僕にも起こった「スケジュール力の崩壊」

と思わずキレそうになるが、本書は、あくまで僕のお困りごとから妻の障害特性を読み解く試み。彼女と将来の話ができない、妻とスケジュール感覚の共有ができないという、出会いの当時から僕を苦しめてきたお困りごとの背景にも、妻の障害特性がある。再び翻訳モードに入ろう。実はやっぱり、高次脳機能障害の当事者となった僕にも、妻と近しい「時間の不自由」があった。

例えば病後、1日の仕事を終えた夜に担当編集から「鈴木さん、○○の訂正チェック、お願いできますか」なんてメッセージが届くと、僕はその場で強い不安や不快感を伴うパニックに陥ってしまうことがあった。元々昼夜の境があまりない出版業界だから、夜に連絡があったことが嫌なのではない。

チェック作業なんて、そのものにかかる時間は1時間程度の軽い仕事のはず。その場で寝る前にやることだってできなくはない分量だ。にもかかわらず、メッセージを見た僕の脳内には色々な思考が渦巻き、混乱し、パニックに陥ってしまったのだった……。

まず「いつまでに」が書いてないことに、猛烈に腹が立つ。期限が書いていない時点で、僕は頭の中で、～～その仕事の全体の締め切りはいついつだから、担当がそのチェックを上にあげるのがいつで、担当の出社は明日の何時ぐらいで、僕は何時までにチェックを戻さなければ〜〜といったことを考えて、決めなければならない。

そもそも担当にチェックを戻した後の動きとか出社時間みたいな向こうの都合は聞かなきゃ正確には分からないけど、僕は考えても分からないそれを自分で推測しようとして、結局頭の中でその複雑な考えを処理しきれずに破局してしまったのであった。

かといってこれが、「明日の昼までにお願いします」「1時間で終わる仕事を翌朝昼まで」、僕は毎度パニックに陥った。なぜなら当時の僕は、「1時間で終わる仕事を翌朝昼まで」と明確に指定されていても、「1日で終わるかなという仕事を1週間後まで」という感じで明確な指示を受けたとしても、**そもそも翌朝とかその週にやろうと考えていた仕事の「全部ができなくなってしまう」ような、強い不安に襲われたからだ。**

さらにさらに、例えば1日5時間で終わる仕事を1日かけてやっている途中で「仕様の変更」が指示されたり、「今の作業の前にこれやってください」と30分で終わる仕事を差しはさまれても、やっぱり僕は発狂寸前の苛立ちと、そこからどんな作業も始められない、やっていた作業も再開できないといった致命的なパニックに襲われる始末……。

これが、僕に残った「時間の不自由」。「スケジュール能力の崩壊」といってもいいかもしれないが、それにしても、どうしてこんなことになってしまったんだろう。ほんと訳が分からないが、実はこの謎の症状もまた、僕に残った個々の障害特性から、妻にも共通する障害特性から、読み解くことができる。

道に迷い続けるような時間感覚

まず、当時の僕には、時間に関わる、以下の4つの不自由があった。

①脳内で時間の逆算ができない。
②ひとつの作業にかかる時間が想定できない。
③脳内で予定の組み換えができない。
④作業の中断ができない。

まず①。時間の逆算ができない主な理由は、一番分かりやすい。それは僕のワーキングメモリが低下していたから。本来こうした逆算とは、脳内で作業完遂までに経る作業を洗い出し、それぞれどのぐらいの時間がかかるかを考え、その合算を提出時間から逆算して、作業のスタート時間を決めるという思考作業だが、これまで何度も説明してきた通り、ワーキングメモリが低い脳ではそうした脳内の複雑な思考がどんどん消えていってしまうという傾向がある。必要な作業、目標終了時間、それぞれの作業の所要時間といった情報が、考えようとしている矢先からすいすい消えていくのだから、逆算なんかできようがない。

もちろん記憶の問題だから、個々の作業を紙に書き出して、その所要時間もそれぞれ書き出していけば逆算は可能なのだが、あまりにも単純な作業の組み合わせですらそうしなければ時間が読めないというのは、もうとてつもない不自由感だった。

それは、病前なら何も考えずにたどり着けていた家から駅までの道なのに、いきなり地図を書かなければ帰れなくなったような不自由感。まさか駅まで行けないとは思わないから、思わず家を飛び出して、毎回たどり着けずに途方に暮れるような、そんな気持ち。

まさか妻も、こんなありふれた道に迷うような感覚を、日々味わっているのだろうか？　とも思うが、まだこれは「時間の不自由」の序の口だ。

全て「やってみないと分からない」

いざ「書き出せばいい」に至っても、その先にあるのが②の「作業時間が読めない」。

その理由は、まず、脳の情報処理速度が落ちていて、そもそもこれまで10分でやれた作業が10分では終わらなくなったこと。加えて注意の障害や記憶の障害もあると、手元の作業ひとつに集中することがそもそも難しいし、易疲労で脳の認知資源が切れたら一層作業に時間はかかり、その認知資源がいつ切れるかも自分では分からないからだった。

こうなると、**10分でやれた作業が30分かかるのか1時間になるのかがその時々によっても変わり、自分では分からないため、全ての作業が「やってみないと終わる時間が分からない」**ということになってしまう。もう、こうなると逆算どころじゃない。

さらに、①や②の状況があっても、締め切りのない状態で作業をひとつずつ終わらせていくのはなんとかやれる。けれど、その作業そのものを邪魔するのが、③の「予定が組み換えできない」だ。

当事者脳になった僕は、作業中に仕様変更や作業の順番の変更、新規作業などが差しはさまれると、途端に混乱して、今順調に進んでいた手元の作業も何もかもができないような状況に陥ってしまった。

これもまた意味が分かりづらい障害特性だが、その当事者感覚は、こんなだ。

たとえば作業にかかる時間を数字にして、1時間の作業、2時間の作業、3時間の作業を順番にやれば1＋2＋3＝6時間だが、これの順番を入れ替えて2を頭にと言われた際に、僕にとっていきなり2＋1＋3＝24とか＝100とか＝∞に感じられる。

え？　何言ってんの？　順番を変えたからと言って、本来単体の作業にかかる時間が変わるはずがないでしょ？　1時間の作業を差しはさんだら単に＋1でしょ？　と思うのが、定型脳。あの時間感覚の喪失は、差しはさまれたタスクによって①の症状＝脳内で作業完遂までの地図（タイムテーブルが書けない）が劇的に悪化したのが理由だろう。

けれどそれは、**何とか家から駅までの地図を書いてそれを見ながら進んでいるときに、その地図をバッと奪われて別の地図を渡されたり、地図を破かれたり、道がどんどん変化して地図と違う道筋の中に立ち竦むような**、それは絶望的な混乱だった。

作業を中断すると全てが無駄に……

これだけでも地獄だが、最後の難関は、本書おなじみ、注意障害のゴリラグルー特性。一度見たものから目が離すのが難しい、一度考え始めたことや、起こった感情や、やり始めた作業などに注意が「強力な接着剤でくっつけられたよう」にへばりついてしまい、それを切り替えて別のことをするのが難しいという注意障害の特性によって起こったのが、④の「作業を中断できない」、という不自由だった。

当時の③のような変更の指示を受けて、手元でやっている作業を中断しようにも、まず作業に没頭できているほどにその作業を「続けようとする力」が強く、注意を引きはがすのが困難に感じた。

さらに合わせ技で、ワーキングメモリが低下していた僕は、なんとか頑張って作業を中断しても、元の作業に戻ったときに「途中までやったはずの作業の記憶が無い」「その作業を継続するために頭の中にあった思考が全く残っていない」ことが度々ある始末。

こうなると、僕の感覚では、一度中断されたり仕様を変更した作業に戻ると、「全部一からやり直し」「二度と前の作業は再現できない」という状況だから、それはもう腹も立とうというもの。

いわばその感覚は、地図を見ながら、よろよろと家から駅まで行く途中で、**手元の地図を無理やり奪われて別の地図を与えられ、その地図を見た瞬間に家までワープして戻されるような理不尽感！**　俺の時間を返せ畜生!!

ということで、当時の僕の本音を書けば、僕にとってのスケジュールとは、

「一度始めた作業は、終わるときが終わるときです！」

「始めた作業の仕様変更や予定変更は受け付けません！」

「一つ頼んだ仕事が上がってから次の仕事を頼んでください」

「複数の仕事を頼むなら、1日で終わる仕事の締め切りは10日先、10日かかる仕事の締め切りは2カ月先にしてください」

「スケジュールは鈴木の仕様を見極めたうえで、そちらで決めてください」

みたいなものだったのだが、こうして考えると、まさにこれが妻の言葉だったのだろう。というか、そもそも妻は会話の端々に「あたしそんな先のことは分からない」と口癖のように言ってきたが、あの不自由を味わった後なら分かる。

あの言葉を翻訳すれば、「あたしには未来のことを考える機能が欠けているから、先のことは分からない」という訴えだったのだ。

遅刻の背後にあった障害特性

では改めて、「妻と予定や時間の共有ができない」というお困りごとの中でも、最も頻発する「予定の時間通りに出られない」について、妻の特性ベースで考えてみよう。

そもそも妻には朝起きて歯磨き洗顔や化粧に何分かかるのか、食事に何分、着替えに何分、持っていく物の準備に何分といった時間の感覚が「ざっくり」でも存在せず、やはりワーキングメモリの障害もあって、脳内での加算・逆算も猛烈に苦手。毎日やる作業の時間が読めないなんて信じられないだろうが、妻は脳の情報処理速度が1日の中でもその日によっても変動があり、ある時5分で終わる作業が別の時は20分かかるといったことがザラにある。

注意障害があるから、準備作業をしている間に外部から入る余分な情報にいちいち気を取られて手が止まり、時間はどんどん押していく。

そして駄目押しが、時間が迫って焦ると、加速度的に準備の時間が増えるという謎の特性だ。

平常心の時の妻は、注意のゴリラグルーな特性で、手荷物に必要だと思いついたものから順不同で手当たり次第に探し出し、その時目に付いたもの、気になった準備以外のものなどに注意が持っていかれる方が優位。

ところが焦ると途端に「いくつもの物を同時に探そうとして、どれも見つからない」けど「どれも目の前にある！」という、もう大混乱に陥ってしまう。

そう、そこで彼女が経験しているのは、僕の異世界体験でいう注意障害の「全部入ってくる」＝百円均一で目の前の商品が見つからない、あの現象なのだろう。目の前にある財布やスマホを探すのに、本人は1分2分のつもりが、実際には5分10分、溶けるように時間が消えてゆく。冷や汗をかきながら探しものをし続ける妻の心中は、どれほどの混乱だろう。

とまあ、見ていると妻の「準備」とは、焦れば焦るほど「探し物」になっていく。

ではこんな状況のとき、僕の時間感覚をぐちゃぐちゃにした、あの想定外の作業依頼、作業の順番変更、仕様変更などに相当するのは何だろう……。

うう、またしてもマジでか!!

それは**言うまでもない、僕自身の妻の特性を理解しない対応**だ。

「妻の都合を考えない予定作りや直前の伝達」とは、主には予定を伝えるのが当日とか、寝室で寝コケる妻に対して「そろそろ準備しないと間に合わないよ」と言って起こすこと。妻にとっては、これによって出かける準備のスタート時点から混乱が頭に植え付けられてしまう。さらに「準備作業をしている際の余計な声がけ」のたびに自分が何を用意しているのかが頭からすっ飛び、余裕の無い準備作業中に脳の認知資源を奪う「ねえもう間に合わないよ」といった小言で追い詰めることで、いっそう準備に時間がかかる混乱状況を作り出してきたというわけだ。

なんだ、また俺のせいか!

妻の情報処理を手助けする

もちろんこうした予定や準備のトレーニングなんて、別に特別支援教育とかじゃなくても子ども時代から日常生活のタイムテーブルトレーニング（夏休みの「1日の計画表を作ろう」的な）がありそうなもの。だが、びっくりすることに、聞いてみると妻にはそうしたトレーニングの経験が無いというのだ。

時間の管理、感覚を学んだ記憶を妻に思い起こしてもらおうとしても、出てくるのは「何も教わっていない」「ただ、駄目でだらしない子だといわれてきた」という記憶だけ……。

これは障害特性だけではなく、その特性をカバーする教育の機会を与えられてこなかったという別問題も絡んでいるが、彼女の特性に気付かずに否定だけしてきたのは、彼女の触れた学校の教員や親たちだけではない。僕と一緒に暮らす中で、彼女は何度も「約束はできない」「やってみないと分からない」みたいな返答をしてきた。**彼女は明確に「やれない」のメッセージを投げ続けてきたのに、僕もまた、それを無視して彼女を「駄目扱い」してきてしまった。**

ということで、毎度のことながら、反省の後は対策である！

まず、生活の中で最も大きな困りごととなる「お出かけの際の時間問題」についてはどうだろう。実はこれについては、案外あっさり解決した。

①予定は早めに伝え、前日にリマインドする。
②出先で忘れて困る物、取りに帰る系の物をリストにして壁に貼る。
③準備の際はリストの上から順番に用意していく。
④準備しているときにテレビなどは消し、僕も声は極力かけない。
⑤朝で妻の脳の覚醒度が低い（情報処理が遅い）ときや、そのままだと間に合わないときは、持っていくものひとつひとつを僕が指示して妻が用意し、揃えていく。

以上。ちなみにこの「持っていくものリスト」を出かける先ごとに作って壁に貼ることをやり始めたのは、僕の方が先。高次脳機能障害の当事者となった僕を日々苛んだ「遅刻と忘れ物の嵐」に抗うべく作ったリストを、妻にも引用した。

だが嬉しかったのは、こうして調整していく中で、かなり初期の段階から妻の中に「予定の前夜に荷物の用意をする」という、まあ言ったらしごく当たり前の習慣が、自発的に育ち、強化されていったことだろう。

そうしてたどり着いた今も、妻と時間通りに同行するシーンで準備が遅れることもある。けれどその都度改めて妻の特性を思い出すと、たいていの場合は僕のフォローが足りていないことや、僕が彼女に「情報処理的な妨害」をしていることがほとんどなので、そんなときの遅刻は妻と僕の共犯。そう思えば、腹も立たなくなってきた。

時間を読めない妻に、未来は読めない

はてさて、ここまで読んでどうだろう。本章の書き始めは「妻と将来の話ができない」「未来の予定が立てられない」だったが、これらは間違いなく、「時間の不自由」の延長線上にある。そもそも時間の感覚が希薄で、1日の中の予定といった短い単位でも時間の加算や逆算ができない妻。さらに頭の中で漠然としたものを想像することも苦手で混乱してしまう妻。時間を読めない妻に、その積み重ねの先にある未来が分かろう筈もないのだ。

今なら分かる。彼女はあの、**たかが最寄りの駅に行くまでにも、地図を見ながらでないと行けなくなった、迷いながら不安や苛立ちを感じながら、何とか進んでいくような、あの見通しのきかない心許ない世界を生きている**。そんな彼女にとって、**「遠い未来を考える」とは、地図を見ながら外国の知らない街を目指すようなもの**。それがどれほどの「無理の押し付け」なのかが、もういい加減、分かってきた。けれど……。

僕が将来の不安を口にすると、妻はいつだってこう言う。

「大ちゃん、将来が不安なら、そうならないように今を生きればいいじゃない。5年後のこと、10年後のことなんか誰にも分からないよ。分かんないこと考えても仕方がないから、今を大事に今を楽しもうよ」

うわ来た！

もともと社会的困窮の当事者を対象とした取材記者をしていた僕は、そんな考えで生きてきて、あげく自己破産したり一家離散になっちゃったみたいなケースをたくさん見てきたよ。

「まあね、あたしも大ちゃんがいなかったら、多重債務まっしぐらのタイプだったと思う」

って堂々と言いますね君。

さあ、どうしよう。本当にどうしよう。

未来を見ない妻の強さ

いよいよ解決編。

妻と未来の話ができない。将来のビジョンを共有できない。ずっとずっと抱えてきたお困りごとだが、正直これればかりはどう対策すべきか、答えが出るのに時間がかかった。

けれど、何年かがかりで考えた結果、僕らがたどり着いたのは、家事をお互いの得手不得手に沿って分業したように「将来設計も分業してしまおう」ということだ。

僕は我が家の将来のことを考える主体となって大まかなプランを練り、どうしてもふたりで相談しなければならないことについては、128Pに示した「相談事のメソッド」でその都度決めていく。一方の妻がイニシアチブを取って担当するのは「今をどう生きるか」についてだ。

この結論に至った理由は、僕自身がかつて、彼女の特性から来るそのパーソナリティに、救われたことがあったからなのだった。

これまでの著書などにも書いてきたことだが、かつて妻は31歳の若さでステージ4（最悪性）の脳腫瘍にかかり、「5年後の生存率8％」という絶望的告知を受けたことがある。だがその際、妻と僕の反応は、真っ二つに分かれた。

常に「将来を見通す」習慣のある僕が陥ったのは、「5年後には100人中92人が死ぬ病気なのだ」という絶望と恐怖のどん底。手術に成功しても1年やそこらで再手術できない部位に腫瘍が再発し、治療の甲斐無く痙攣や人格変容や意識を失ったり取り戻したりの繰り返しの中、なすすべも無く亡くなっていくといったケースばかりが、僕の脳裏を埋め尽くす。

結局、僕は脳内で妻を失った後の人生をシミュレーションしては「とても生きていけない」と絶望し、食べ物が喉を通らなくなってしまった。思い返すのもつらい、震災直後の2011年晩秋のことだ。

一方で、告知を受けた本人である妻は、8%という同じ数字を僕と全く違う受け止め方で、とらえた。曰く、

「8%は、100人に8人が生き残るってこと。人は何をしても死ぬときは死ぬんだから、死ぬまでを楽しむあたしの方針に変わりはない」

結果として、妻は死の恐怖に怯えることなく、つらい抗がん剤治療をマイペースで乗り越え、結局告知から現在に至るまで再発することなく生き抜いているのだ。

あの時、その飄々とした妻の姿に、僕はどれほど救われただろう。もし彼女自身が僕と同じように絶望の中に落ちたとしたら、それはとうてい耐え難い日々だったに違いない。

ちなみに僕が脳梗塞に倒れ、将来の仕事が全く見通せなくなった際にも、妻はこう言った。

「未来のことなんか誰にも分からないけど、たとえ貧乏になったりしてもふたりが一緒に生きてるだけであたしは幸せだよ」

……いずれのシーンでも、大きな学びがあったと思う。

人生には、家庭には、病気とか事故とか、どうあがいても明るい未来が想定できなくなるイベントが起こりうる。そして間違いなく、そうした時期を乗り越えるのに正しいのは、今のことのみに集中し、時に無計画で行き当たりばったりに思える、妻の生き方や考え方なのだ。

これは「我が家を支えているのは僕」と偉そうに考えていた僕にとって、パラダイムシフトに近い気付きだった。そしてたどり着いたのが、**今のことを楽しむのが妻担当で、将来のことを考えて有事に備えるのが僕担当という考え方だった**というわけだ。

「今やらなくて良いこと」の豊かさ

そう割り切れるようになってからは、いくつか発見があった。

例えば旅行のスケジュールなんかは、もう事前に妻に相談するなんてことはやめた。とりあえず宿泊地だけ決定して出発し、後は妻のしたいように行き当たりばったりで動くようにすると、むしろ場面場面で興味を引く観光地などにいちいち引っ張られる彼女によって、想定しなかった旅のルートを発見できたりする。ホテルのチェックインにはだいたい間に合わないし一日の終わりには本気で疲れ果てるとしてもだ。

彼女と共に過ごす日常、常に「今彼女がやりたいこと」に付き合う行き当たりばったりが、楽しい。もちろん僕の役割は「今やるべきこと」の微修正だけれど、僕に僕自身の行動を任せていると常にやるべきこと（晴れたら洗濯とか、時間空いたから食材の買い出しとか）ばかりを詰め込んでいく日常になりがちなのに対し、彼女のやることは「今やらなくていいこと」のオンパレード。だがそれが、滅法楽しいのだ。

人生を見通してざっくりした計画を立てていくことは必要だが、日々の生活は無計画でどこに行くか分からない妻の船に乗っかっているほうが意外に楽しい。それは僕ひとりで生きていく人生よりはるかにイベントに満ちていて、エキサイティングだ。

僕はその船が岩礁に乗らないよう、望遠鏡で将来を見通して大まかな舵を取る人であればいい。

妻の無計画な特性と、僕の計画魔の特性は拮抗せず共存できるし、夫婦はお互いの持てる特性を出し合って生きていくほうがむしろ豊かな生き方なのだと、やっぱりそこにたどり着くのであった。

同僚だったとき
そっちのページいつ頃終わりそう？
終わったときが終わるときです
だって先のことは
誰にも分からない
まあ結婚しちゃうんだけど
フー！
ムグムグ
ほんと先のことは分からないよねー
一日の見積もりがたてられないのにましてやこんな将来計画
旅行
引越
老親
家購入
2人のことなのに…
できません
できるわけない
将来設計
おしっこれも分担だ
じゃあ僕は将来担当
あたし今担当
ライブは得意！
…あれ？
キャプテン！南南西におもしろそうな島発見！
ラジャー！安全確認後ルート変更
これってなんか楽しくない？
ーてなことが20年たってすごく分かるようになるとはねー
フー！
ねー
人生ほんと分かんないです

第7章

発達系女子が自分を大事にしてくれない

妻が風呂に入ってくれない

さて、妻が家事をやらないのではなく「やれなかった」ことが分かり、対策を経てつらかったワンオペ感から脱出できた。話もずいぶん通じるようになったし、約束事も守ってもらえるようになってきた。

全ては僕自身の障害特性をフィルターにすることで、妻の抱えてきた「普通に生きていくだけでも無理ゲー感」を理解できたことからたどり着けた境地。けれど、こうして我が家のお困りごとをひとつひとつ乗り越えていく中で、「僕には無いが妻にはある障害特性」から生まれている問題も浮き彫りになってきた。

それが、妻にはセルフケア＝自分自身の体調管理の習慣がほとんど無く、「セルフネグレクト」の傾向がとても強いことだ。

セルフネグレクト。孤独死やゴミ屋敷問題とか引きこもり問題と絡めて語られる事の多い言葉だが、ざっくり定義的には「生活や健康の安全を維持するためのセルフケアの能力や意欲が喪失しており、周囲にもその解決を頼れず孤立するような状態」ということになる。これもまた、我が家の中に出会った当時から居座り続ける困りごとのひとつだ。

妻の場合はどうか？

まず筆頭に上がるのが、風呂に入ってくれない！　ということ。マジほっとくと1カ月入らないとか本気でありうる。ただし代謝が少なく体臭が皆無なのでパッと見はこざっぱりしているのが、代謝旺盛な僕からすると腹立たしい。

食べ物に気を遣わない（本当に好きにさせていれば1日1食、しかもジャンクフードやお菓子で食事を済ませかねない）。

積極的な運動習慣が無く、体力高齢者級。

日光浴びると紫外線過敏で口唇ヘルペス出たりするので、いっそうヴァンパイア体質の昼夜逆転。

暑さ寒さに対して「何も備えない」。夏は熱中症寸前で動けなくなるまで水分摂らないし、冬も凍え切ってしまうまで薄着で板の間に座ってたりしがち。

気圧の上下で頭痛があるが、いざ頭痛が始まって、僕に言われるまで薬も飲まない。

生理痛についても同様。来るのが分かっている痛みに何も対処しない。

具合が悪くなりつつある自分に気付いていないっぽいところもあって、気付いた時には手遅れぐらいに具合悪くて、バッタリ倒れる……。

無理に朝起こして連れて行かない限り、自発的に医者に行くことは無い。１００％無い。

ああもう、これである。相変わらず書き出したらキリが無いが、このように彼女には**日常の細々としたセルフケアで「将来の自分の健康を担保する」という習慣が一切無い**のだ。

「ねえ、君は再発性の高い脳腫瘍サバイバーでしょ？　食生活とか健康管理ができなくて再発とか、別の病気になるとか、考えて怖くなることとってないの？」

「んー。自分の事はあまり考えないよね。例えばほら、いつも思うのは、明日事故で死ぬかもしれないじゃんってこと。将来のことは考えられないよ。そのときにならないと考えられない、あたしは」

ああ、それは妻の将来展望的な思考が苦手な特性ゆえ。それはもう分かってる。けれど、ここばかりは結構譲りがたい部分でもある。

「ううう。でも健康でいて欲しいから自分のこと大事にして欲しいって俺の気持ちは？　結局俺が食事管理するのとかも、楽じゃないんだけど。せっかく作ったもの残さないで欲しいし、残すならお菓子とか買って来ないで欲しい。運動不足が続いてると将来絶対骨粗しょう症とかになるし、そんなに体が冷えるなら風呂ぐらい入ろうよ」（くどくど）

「はいはい」（棒）

棒!?

このように、お困りごとの主体は「妻の将来が心配な僕」と「全然自分を大事にしてくれない妻」のすれ違い。

なのだが、やっぱりここでも彼女は自己管理しないのではなく「できない」理由＝特性があるとしよう。果たしてそれは、どんな特性だろうか……。

自身の疲れに気付けない特性

真っ先に思いつくのは、妻の注意障害的な特性の中でも過集中＝注意のゴリラグルー案件だ。

例えば昔から妻は、何か好きな作業に集中し出すととんでもない長時間作業を続ける傾向がある。それはゲームでもパズルでも猫の世話でもなんでも、妻は同じ姿勢を崩すこともなく、手元の作業に集中。

けれど、見るからに疲れている妻に対して「休めば？　そろそろやめれば」と言っても、まずもって「疲れてない」と言い張るのだ。そんなはずねーだろ！と思いながらも放っておくと、案の定妻は疲れが限界になって、バッタリと倒れる。

それで「なんでか肩凝ったから湿布貼って」なんて言ってくるが、5時間も6時間もノンストップでガンプラ組み立てたりしてたら当たり前だっつーの！

そう、あんなとき、実は妻はその作業にゴリラグルーするあまり、自分がどれだけ疲れているかに注意を向けられないのではないか。

思えば買い物に行くときだってそうだ。妻の買い物といったら、あちこちの商品に飛び散る注意任せに同じ場所を延々とぐるぐる回り、それはとんでもない歩行距離になる。同じ距離を「ウォーキングしよう」と言ったら絶対に途中でへたばるくせに。そして、ひたすら歩き続けて限界まで疲れてから、ばったり歩けなくなって「あたし帰る」。もしくは翌日まで疲れ果てて、それこそ夕方まで起き上がってこれないなんてことが定番なのだ。ショッピングモールに行ったら翌日妻が起きてこれないのは、我が家ではお約束の流れである。

なるほど、妻は**何かの作業に注意がゴリラグルーしている際に自分のつらさや痛みや疲れに注意を向けることができず、ようやく自分で気付いたころには本格的に具合が悪くなっていた**というわけだ。

「疲れた」の声を封じられてきた

けれどここでひとつ矛盾に気付いた。

確かに妻が楽しいことや集中できることをしているときに自分の疲れに気付けないのは、注意障害ベースのことだろう。けれど彼女には、痛さや苦しさや疲れを「感じない」＝無痛症のような特性を持っているわけではない。

それが証拠に、妻は楽しいこと以外ではきちんと「疲れた」「やめたい」と泣き言を言える。その時の妻は、きちんと自分の不調に注意のカメラを向けられているのだ。

ただし問題は、その「泣き言を言うタイミング」が遅くて、言った時はもう倒れる時みたいな事案が多いということだ。

なんでもっと早く言わないの？　やっぱそれは、倒れる寸前まで自分の疲れに気付いてないから？　そんな問いを投げたら、妻からは猛毒な言葉が返ってきた。

「自分が具合悪くなるのなんて、確かにあたし、自分じゃ分からない。でも多分それ、自分が具合悪くなりつつあるってこと気付かないようにしてきたからだと思う。だって気付いても仕方ないんだもん。子ども時代から具合が悪いって言ったら嘘つくなとか仮病とか言われるかもしれないって思ってて、実際言われまくってたし、だから具合悪くないって思うようにしてた。お母さんだけじゃなくて、学校の先生とかからも子どものころから目ぇつけられてて、特に中2の時の養護の先生とか、具合悪いって言っても、あなたいつもなんでそう駄目なの熱も無いのに保健室来るなとか言われて、あのデブいつか殺してやると思ってた。よっぽどの怪我でもしない限り、自分のせいでしょって言われてばっかりだったよ。自己管理なんて、やってもやれて当たり前って、頑張っても褒められないし、具合悪くなっても仮病扱いか叱られるか『だから言ったじゃない』って馬鹿にした感じで笑われてきた。そんなんで自分大事にとか、あたしには意味分かんない」

わちゃー……これは間違いなく注意障害特性がベースじゃない。

むしろここでベースになっているのは、定型脳の人間なら難なくやれることをやっても「疲労困憊する」易疲労の特性を周囲から無視された経験。**「苦しい」「疲れた」といった言葉をまるで受け入れてもらえなかった、尊重してもらえなかったことで「疲れた・苦しいと言うタイミングを学べなかった」という、立派な二次障害だ。**

さらに、そうこう考えているうちになんと、もうひとつ大きな矛盾に気付いてしまった。

それは、僕自身が高次脳機能障害の当事者になった後、妻から「セルフケアの指導」を受けた経験があったじゃないか！ということだ。

空を見る、哀しいセルフケア

話は僕自身が高次脳機能障害を抱えて日々パニックの発作に襲われていた時期に遡る。それまでの能天気な人生でパニックらしいパニックを経験したことが無かった僕は、病後に初めて経験することとなったリアルなパニックに、大いに混乱し、悶絶した。

理由も無いのにただ不安や怯えのような感情が心を満たして、つらくて仕方がない。まるで車の運転中に目の前に子どもが飛び出してきた瞬間の「ひゃっ！」と息を呑んだ状態がずっとずっと続いているような、心が竦んだ緊張状態が延々続く。

最悪なのは、思い出したくない、考えたくないマイナスの思考に注意がゴリラグルーすると、その思考を切り替えることもできず、耳の横で黒板を爪で引っ掻かれ続けてそこから自力では逃げ出せないような、底無しの苦しさが続くことだった……。

だがそんな状況でハアハアしている僕に、妻はこんなアドバイスをしてくれたのだった。

「大ちゃん、心がつらいときは空を見ようよ。ほら、雲の形がどんどん変わっていくよ。ゆっくり呼吸することに集中しながら、雲を見て。ほら、何に見えてきた？」

するとどうだろう。あれだけ注意がゴリラグルーしていたネガティブな思考から少し思考が剝がれ出す。劇的ではないにせよ、それまで喉元まで横隔膜がせり上がって肺がつぶれたみたいな息苦しさだったのがやんわり緩んで、少し空気が肺に入ってくる感じがするのだ……。

「すごい……楽になる。なんで君はこんなこと知ってるの？」

「あたしが昔メンヘラちゃんで毎日手首切ってた時、それで楽になるしかなかったからだよ」

ああ、そういえば当時、ふたりで住んでいた小さなテラスハウスのダイニングからは、空がよく見えた。油染みたカフェカーテンを開いた先に広がる空を見ながら、妻は相変わらず椅子の上に体育座りして、その耐え難い胸のざわめきを癒そうとしていたのだろう。

そうだ。間違いなくこれは、過去に自分の内部の苦しさや痛みに注意を向けたら壊れてしまうような時期を過ごした妻が、**自分の内側より外側の世界に注意を向けることで自分を守った、哀しくも逞しいセルフケアの習慣**なのだ。

妻よ、今日はゾンビだな。

ではさて、どうしよう。妻のセルフケアができないことの底に横たわっている特性はマジ複雑だが、まとめるとこんなだ。

- 今やっている不健康な習慣が将来の自分に与える影響を「展望的に考える」のがそもそも特性的に困難。
- 楽しいことをしているときは、自分の疲れに「注意が向かない」。
- つらいことをしているときは「苦しいと言えない」「苦しいと言っていいタイミングが自分で分かっていない」（しかも倒れるのは定型脳の人間からすると「もう疲れちゃったの？？？」のタイミング）。
- 長きにわたり、自分の内面の苦しさ以外のところに注意を向けることをライフハックとして、自分を守ってきた。

ではそんな彼女の特性と成育歴を背景としたうえで、彼女に自分を大切にし、セルフケアの習慣を身に付けてもらうには？

いろいろ考えた挙句、我が家ではまず、毎日妻が起きてきたときに「顔色などから体調を評価する」ということから始めてみることにした。

実は妻は日々顔色を見ていると、眼の大きさが半分ぐらいに見えて虚ろで意識の覚醒度が低い状態、告別式の棺桶の中にいるご遺体みたいに真っ白な日、全体に黄色い日、ところどころ黒ずんで5歳ぐらい老けて見えるゾンビの日、顔色とは別にして口臭のある日などなど、その時の体調がかなり外に出てきているタイプ。

それは前日にどれだけ脳を使ったかや就寝時間と起床のタイミングや、気圧の上下、寝ている間に見た夢などに影響されるけれど、ある程度僕の方で予測ができる。

そんな**妻の様子に対し、起床してくるたびに僕がきちんと観察して告げる**のだ。

「はよーす（ヨレヨレ雑巾状態の妻）」

「うわ！　今日の顔色棺桶！　目も半分ぐらいになっちゃってるよ」

「マジかー。まあゾンビよりまし……？」

「てか、よく起きれたね、めっちゃ具合悪いでしょ、軽く何か口にして寝室に戻っても良いよ」

「あーさとぴこー（庭の猫）が美し過ぎるな」（相変わらずファール打球で返す妻）

ところが不思議、こうして一言目から具合が悪いことを肯定する言葉をかけてやると、妻の返答は以前とは全く違ったものになるのであった。

「ねえ、つらかったら寝室戻ってもいいよ？」

「いやー悪いからいいよ。だいじょうぶ。マジつらいけど、頑張ればなんとかなるし。なんかあたし、いつ寝たか覚えてないんだけど、やり忘れた家事とか無かった？」

そして半分目が開かないのに、よろよろしながら洗濯物を畳むとか、その日の家事を始めたりする妻……。

何だきみこの天邪鬼っぷり！

かつてならとんでもない時間に起きてくる妻に「あんな明け方まで起きてたら具合悪くて当然だよね」なんて皮肉を僕が言って、妻大逆切れ＆舌打ち＆椅子にローキック＆寝室にバナナターンみたいなのが定型の糞コンボだったのに、あなたこちらの出方でここまで変わりますか!!

「いや、ゆっくりでいいって、具合悪いなら」

「やだ。家事やる今やる」

へそを曲げない限りは、自分でやると決めたことはどんなに具合が悪くてもクソまじめにやる。子どもかお前は。

その融通の利かなさもまたセルフケアができていないことのひとつかもしれないが、そんなこんなでスロースタートでも一日を始めることができれば、何とかふたりで家をつつがなく運用できるぐらいには、妻も動いてくれるのであった。

セルフケアの「目」が無いならば。

さて、ここで重要なのは妻の天邪鬼なキャラなどではなく、彼女の注意のカメラが「僕の側からもコントロールが可能」なのだということだ。

朝起きたときの顔色判断だけでなく、食の進み方から胃腸の様子を判断して「無理して食べない方がいいタイミングかも」なんて言ってみたりとか、出先で顔色が赤くなってきたら「熱中症になる前に補水補水！」と指摘してみたり、出かける前に外の気温やスマホの天気アプリを確認して、一緒に着ていく服を悩んだり、気圧変動がありそうだったら頭痛薬を忘れないように声かけたり……。

つまり日常生活の中で「彼女のコンディションを観察し話題にする」というきっかけを与えるだけで、**彼女の注意は一気に自分に向き、そこで初めて自分の体調が悪くなり始めていること、悪くなる可能性があることに気付いたりする**。

「いい加減風呂入れよ」では微動だにせぬ妻も「顔色悪いからお風呂入ろうか」と言えば「じゃあ軽くお風呂入ってくる」と動く。

そこまでするかと思われるなら、こんな例えを出したい。

目の見えない視覚障害の方が砂利道や水たまりに入ろうとしているのを見て、何も言わずに静観し、「ほらつまずいた」「ほら濡れちゃった」と言っている奴がいたら、どう思うだろう。

それとセルフケアの能力を育ててこれなかった妻たちを放置し、具合が悪くなってから「そんだけ自己管理できてなかったら当たり前でしょ」と言うことに、何の差も無いのだ。

実はようやくその境地に至ることができたことで、我が家の中で長らくパートナーシップを阻害してきたひとつの大問題も、抜本的に改革することができた。それが、妻の重い生理痛と激しいＰＭＳ（月経前症候群）についてだ。

妻の戦力外期間＝ＰＭＳ

正直に言えば、妻のＰＭＳについて注目したのは、妻のセルフケアを育てようとかいう目的ではなく、高次脳機能障害の当事者となったことで妻の手を借りねば家事運営ができなくなってしまった僕にとって、妻がポンコツ化してしまう時期＝ＰＭＳと生理週間をきちんと把握する必要があるという、僕都合からスタートしたものだった。

ＰＭＳが始まると、妻は元々抱えている障害特性が明らかに強くなる。普段は言い争いを最も嫌うはずの妻が僕の言葉の端々に突っかかるようにもなるし、起床が困難になるし、手先もいっそう不器用になり、お願いしたことの完遂率が下がったり、そもそもお願いできない状態になってしまう。

生理が始まってからの倦怠感や生理痛も大変重く不定期でもあり、脳腫瘍で倒れるまでは婦人科に通い詰めて低用量ピルをもらい続けていた。おまけに一般的な紙ナプキン（おむつなどと同じ高分子ポリマーが経血を吸い取る一般的生理用品）ではデリケートゾーンの痒みやゴワつきがあって、しばらく前から布ナプキン（コットン生地にガーゼなどの吸収素材を封じた仕組みの布製生理用ナプキン）を使うようにもなっていた。

妻が家事運営の戦力になってくれればくれるほど、この時期がつらい。ということで、この「妻戦力外化期間」がどのタイミングで来るのかを把握し、それに備えて日々の生活を組み立てられるようにすることは、我が家の重点課題だったのだ。

妻の経血に手を染めて

とまあ、そんなキッカケで、もともと妻と共有していた「毎月の生理周期管理アプリ」を自分のカレンダーにも転記して妻の毎月の生理を観察するようになってしばし。

毎朝顔色を見るという習慣も相まって、そのうちに、妻の生理が遅れているのかいないのか、そろそろ来そうなのかも、本人よりも正確に把握できるようになった。

「そろそろ始まったんじゃない？」

朝（夕方）一番でトイレに駆け込む妻に、ドアの外から声をかける。

「大変だ大ちゃん！」

「どうした!?」

「大ちゃんがキモい!!」

キモいはないだろ……。

「だってキモい！　生理来た！　なんであたしが生理来るって分かってないのに、あんたが分かるの？」

そりゃもうね……。数日前から妙な顔色をした君にフルスイングの八つ当たり食らってますから、分かりますよ。

そんなやり取りの中で、僕が何の気なしに言った「俺が布ナプキン洗うから、洗面所に置いといて」。その言葉に反応した妻の顔は、忘れようがないだろう。

「洗いましょうか？」

その瞬間、便器に座ったままトイレのドアを開けた妻は、目を真ん丸にしていった。

「まじでか大ちゃん！」

「まじでだ。いちいち反応デカくてウザいぞ妻よ」

「……ありがとう……」

え？

確かに家事の細分化と協働体制を作り上げていく中でも、布ナプキンを洗うことに関しては、妻が自分でやってた。けどそれ以外の洗濯物は全て僕が担当だったでしょ？

俺、同棲開始から今に至るまで20年近く、**毎日のように君に洗濯して飯作って掃除して、そんな顔でありがとうを言われたことなかったよ。**

っていうか、どんなプレゼントあげても、そんなに嬉しそうな顔してくれたことなかったような気が……。

よし！　そんな顔されたら、喜んで洗いますよ。ということでいざ洗面台に立ち、妻指導のもと、人生で初めて布ナプの押し洗いを始めてからのこともまた、忘れようがないだろう。

ああ、なんといっても衝撃なのは、その血の量のリアルだ。血液が凝固しないように、冬でも冷たい水で分厚いコットンを洗う。洗っても洗っても、止めどなく布ナプの内部から流れ出る赤い筋。とりあえず男の僕がここまでの量の血を流したことは、成人後は数回しか無いに違いない。こんな量の血が肛門から出たら、間違いなく絶叫して119番か病院直行だ。

しかも妻に聞けば、彼女は基本的に自力で経血を膣外に出す出さないのコントロールができるらしく、溜めてからトイレで出すなんてことをそれまでもしていたそう。その布ナプに染みた大量の血は「うっかりドプッと一発！」の量だという。これで一発かよ……。

延々と流水に流れ続けるその血の量を知るだけでも、血を含んでずっしりとした布ナプの重量感を手に感じたことだけでも、それは本当に本当に、貴重な体験だったと思う。

おのずと湧き上がる疑問がある。男の僕は生理痛を知らないが、こんなにたくさんの血を流していて、つらくないなんてことがあり得るだろうか。洗面台と自分の手を染める大量の鮮血を見ながら、頭の中で抜本的理解のドアが開いたような気がした。

こんなもん、つらくないはずがない。けれどつらいなら、どれほどのつらさなのだろうか。想像もつかないよ。なので妻に、こんな質問をしてみた。

生理はインフルエンザよりつらい

「妻よ、生理とインフルエンザって、どっちがつらい？」

「生理」

即答だった。

でもインフルって、それなりに死ぬかもしれんと思うぐらいにはつらいはず。毎月そんな苦しさがあるってマジか⁉ 妻を疑ったわけじゃないけど、同じ質問を生理が結構重いと言っている親しい知人女性らに聞いてみたら、やっぱり即答だった。

「インフルエンザならなんとか起き上がってご飯作ろうとか思うけど、生理はその気力ごと奪う」

「インフルエンザの特効薬はあるけど、生理の苦しさが軽くなる特効薬は無い」

「インフルエンザで会社に出たら怒られるけど、生理で休むと『空気読めよ。生理でも働いてる子は働いてるよ』みたいになる」

「ロキソニン飲みまくって誤魔化してますが、ちょっとしたロキソニン中毒ですよマジで」

「インフルよりマジつらい。でも毎月のように休んでたら会社からは『自己管理のできない奴』と烙印押されそうで、文字通り這いつくばってでも出社してる」

続々発せられる、切実な言葉。マジでなのか……。

もちろん世の中の女性には生理が重い人と軽い人が居ることぐらい、無知な僕でも知っている。けれども、その重さについて、生理の無い男がまじめに考える機会なんかあまり無いだろう。妻や知人女性からの「インフルエンザよりつらい」の即答は、ちょっと衝撃だった。何がって、第一に、我が妻が毎月数日インフルエンザよりつらい思いをしていることを、まじめに考えたことが無かったことだ。

その状態の妻に、僕は「早く起きろ」とか「あんま仏頂面すんなよ」とか「せっかくの休日だから出かけようぜ〜」とか、まあ好き放題言いまくってきた。

我が家だけじゃないだろう。世の中の半分は女性で、だいたいその人生の半分ぐらいは生理があって、妻たちのようにインフルエンザ並みに生理が重い人はその何%かは分かんないけど、その苦しさってあまりにも語られてない。

なんでだろう？　考えていたら、沸々と猛烈ないらだちが湧いてきた。

全ての夫は妻の経血に手を染めよ!!

有給で生理休暇が無い会社って全部ブラック企業じゃん！

インフルエンザよりつらい状況の妻に家事やらせてる夫って全員DV男じゃん！

「起きることもままならない」ほどつらいのに、それを周囲に説明しなければならないのは理不尽ではないか!?

核家族化が進む前の日本で、姑が生理軽い人で嫁が生理重いケースはどうしてたの⁉

（この姑も嫁も、文字そのものが腹立つのは別にしても！）

家庭の中で生理の重い妻を支えられるのはパートナー以外の誰⁉

ご家庭のトイレで、トイレットペーパーは外に出ているのに、生理用品は何かに隠されているのはなんで？　少なくとも僕の育った家や友人の家ではそうであることが多いけど、それはなぜだ⁉

そういえば買い物先で生理用品を買うと、ほとんどの店舗で不透明な袋に入れられるんですが、それはなぜだちくしょー‼

やばい、だいたいの言葉がブーメランで戻ってきてザクザク僕に刺さるんですが……。

さて、大懺悔タイムだ。

決して大げさじゃない。妻の、そして**生理が重い女性の周辺で起きていることは、発達障害特性云々の話を超えて、女性全体、いや「あらゆる弱っている人間」に対する無理解と理不尽の象徴だ。**

僕は病前の記者活動の中でも、他人から見えづらい痛みや苦しみを抱える人に対して「君は痛そうに見えない」「それは甘えじゃないの？」という無理解や自己責任論こそが、この世をむしばむ最悪の病苦だと訴えてきたけれど、少なくとも女性の生理には目に見える流血が伴うわけで、それは可視化された身体症状だ。

にもかかわらず、見えてない、隠されている、だから男は想像もしない。偉そうなことを書き続けてきた僕が、目の前にいる妻の「見える苦しみ」を軽視してきた。

毎月インフル……ありえんわ。

そうだ。かつて社会的困窮状況にある女性への取材をメインフィールドとして記者活動をしてきた僕は、取材をしてきた鬱やパニック持ち、発達障害特性のある女性の多くが、なぜかセットでＰＭＳ・ＰＭＤＤ（月経前症候群・月経前不快気分障害）を抱えていることには気付いていた。たぶんそこには、自身の痛みに過集中してしまう特性や、妻同様にどこまでが我慢してよい痛みなのかを知らないといったセルフケア不全も絡んでいたのかもしれない。

改めてパソコンに向かい、かつての自分が行った取材の文字起こしのフォルダに「生理」で検索をかけて、その検索結果数に絶望的な気分になった。

僕は聞き取っていたのだ。

生理が重い、生理がつらい。

布団から起き上がれない。

生理痛が何とかならないと普通の仕事も通勤もできない。

生理が重くて不登校。

生理がつらくて会社を辞めて、ナイトワークやセックスワークに入った。

生理中にパートナーに暴言を吐いたらDVの報復を受けた……。

キリが無い。なんでだろうと思ってはいたけど、そんな彼女たちの言葉をきちんと文字にして来なかったのは、ルポライターとしての「職務規定違反」ぐらいの罪悪感がある。

懺悔ついでに僕自身、妻の「インフルエンザよりつらい」宣言から、改めて法規上の女性の生理休暇について労働基準法周りを見てみたけど、そもそも法律の時点で生理の重い女性をカバーできてるとは言い難いし、その法規ですら一般企業のほとんどできちんと運用されているとは言えない現状に、真っ暗な気分になった。

女性の社会進出とか、確実に生理が重くない女性を基準に語られてる気がしてならない。そこを基準にして「苦しい人に自助努力」を押し付けているなら、それはもうダイバーシティとか働き方なんとかとか、奇麗ごとワードが片っ端からぶっ飛ぶ事案だ。

全ての男性に僕の懺悔に付き合えとまでは言えないが、**男性読者諸兄、自分が大切にしていると思っているパートナー女性の生理周期を知っていますか？　経血がどのぐらいの量か、痛みやしんどさがどの程度の重さなのか、真剣に考えたことはありますか？**

女性の皆さん、もしあなたの生理が重いとして、それが「どのぐらい重いのか」をパートナーと語り合ったことはありますか？

「インフルエンザより重い苦しさ」は、積極的に堂々と訴えられて当然だし、そんな苦しさの我慢を強要する社会や家庭なんて、絶対におかしい。だから改めて言いたい。

この世の夫は、一度は妻の経血に手を染めてみたらいい。きっとそれは、大事な大事なことに気付く儀式になるはずだ。

八つ当たりではなく「防衛反応」だった

ハアハア（息切れ）。

とまあ、少々「発達系女子とのパートナーシップ」から外れた方に話がエキサイトした感があるけど、ここから本書の核心に一気に戻る。というのも、こうして僕自身が妻の生理周期を把握し、毎月頭から血の気が引くような思いをしながら（正直月一頻度ぐらいで慣れやせん……）血染めの布ナプで我が手を染めるようになったことで、明らかに我が家の中に劇的な変化が起きたからだ。

何が変わったかというと、「ＰＭＳ期の八つ当たりが減った」のである。

かつての妻は、生理痛の重さもさることながら、ＰＭＳ期のメンタルの乱れようも大変なものだった。

朝起きてもまず普段以上に返答が食い違っていて、会話が成立しない。仏頂面でこちらの言葉を無視し、口調は尖っていて、こちらが少しきついことを言うとメデューサみたいに凄まじい眼力で睨み返して来る。小言なんて言おうものなら、家事も手伝わず舌打ちひとつで寝室に戻って、しばらくして見に行けば寝転んで携帯ゲーム機に集中というありさま……。

そんな、出会いから10数年にわたって続いてきたPMS期の八つ当たりやヤサグレっぷりが、僕が彼女の布ナプを洗うようになってから、冗談みたいに無くなってしまったのだ。

なんでだろう。

ここで舞い戻るのが、布ナプ洗いと同時進行していた「毎日彼女の顔色を見る習慣」だ。観察していると、妻はPMS期には全体的に顔色が黒っぽくなったり白っぽくなったりを繰り返すが、主に黒くなる（ゾンビ化）。期間の長さはまちまちで、本来の予定日付近に黒っぽくなって「そろそろかな？」と思っても生理が来なければ、いったん顔色も体調も戻って、最長10日ほどの生理不順の延滞期に入る。こういう時は本人も「生理だか多めのおりものだか分かんなかった」というほど唐突に生理が訪れるのがいつものパターンだ。

こうして生理とPMSについての話題を毎日共有していると、自然と会話にも大きな変化が訪れる。まずは具合が悪そうなら「休んだら？」の労《いたわ》りの言葉が増えるのは当然のこと。けれどそれよりも大きな変化は、この期間にありがちな「やり残した家事、やりっぱなしの何か」に対して、僕があえて指摘せずに自分の中に封じ込めるようにしたことだ。

だってそうだろう。見るからに黒ずんで、目も半分開いてないような顔色の彼女を見れば、その後のあの絶望的出血量を見れば、やらなきゃいけないと分かっていてもやれないし、ミスが増えてしまう状況なんだろうなということは、嫌でも分かる。

そんなこんなで、**我が家では妻のPMS期から生理終了までをそのもの「配慮さん」と呼ぶことにした。**そうすることで「PMSや生理期間だから（認知）→できていないことがある（理解）→そのつらさに配慮しよう（判断）」の思考ステップを省略して直球で「配慮する！」となる効果を狙ったわけだが、そうしたプロセスを重ねるうちに、いい加減僕にも分かってきた。

結論は、かつて妻がPMS期に散々やさぐれた態度や八つ当たりを繰り返してきたのは、妻自身が自分の体調に向けるカメラが無かったことや、生理痛の重さを「根性が無い」の文脈で無視されてきたことや、彼女の不調や苦しさに僕が理解と配慮をしてこなかったことの合わせ技が原因だったということ。

お定まりのパターンは、僕が彼女の苦しさを理解しないどころか、先制攻撃（やれていないことへの指摘や小言）を投げかけ、彼女の方でも僕に噛みつき返すというものだったが、**あれらは八つ当たりではなく、「防衛反応」だったのだ。**

だから、僕が先制攻撃を止めたら、彼女も反撃（八つ当たり＆やさぐれ）しなくなった。我が家に起こったのは劇的な変化だったが、理由はただそれだけのことだったのだろう。

思えば夫婦という密室での関係性は猛烈なスピードで壊れがちで、連鎖的な言葉の応酬のスパイラルにハマると、どんどんエスカレートしていきがちなものだと思う。僕の先制攻撃に対して猛反撃をし返してくるのでなく、単に無視したり僕の前から消えるという「穏やかな反撃」をしてくる彼女で良かったし、かつての僕には「生理の前になるといきなり噛みついてくる奴だなあ」という被害者意識すらあったのだから、改めて反省するしかないのだ。

セルフケアは誰かと一緒に育てていくもの

というわけで、彼女の特性への理解をベースに、妻のセルフケア育ては今も継続しているが、なんと最近は彼女の中から自分向きの注意のカメラが育ってきたように感じられているから、凄い。

まだ自発的なセルフケア習慣の段階に至ってはいないと思うが、少なくとも彼女は自分が倒れる前に具合が悪いと言えるようになってきたし、そのタイミングも早くなってきたし、気圧変動で頭痛が出る前に薬を飲めるようにもなってきたし、何より朝いちばんで、僕から見て自分の顔色がどう見えるかの確認をしてくるようにもなった。

毎月の生理サイクルや、新たな生理用品へのチャレンジ、その都度の生理が痛みに来るタイプなのかメンタルに来るタイプなのかといった話題はお茶の間の日常会話になり、妻も痛みに鎮痛薬や温めグッズで対応するといった自発的ケアができるようになってきた。

結局たどり着いたのは、**セルフケアの習慣や、自分向きの注意のカメラとは、本来「本人だけでは育たない」「誰かと一緒に育てていくもの」なのだという理解**だ。そして、成人後に改めてそこを育てていく際に最も近い「誰か」とは、生活を共にするパートナー以外の何者でもない。

顔色チェックを入り口にして、妻の体調を共通の話題にしていく。

彼女自身が「しんどい」と言い、僕が「しんどいんだね」と返し、「うん、しんどい」と妻が言う。

そのコミュニケーションの中で妻は初めて気付いたのだろう。「自分が本当にしんどくて、このぐらいのつらさならしんどいと言っても許されるのだ」と。

ここが第一歩、この妻自身の気付きを育てていけば、きっとそれが、セルフケアにつながるはずだと、今の僕は信じている。

それにしても、ケアをされないまま中年という年齢に達してしまった妻にもこうしてセルフケアの芽が育っていくのを見てつくづく思うのは、発達障害の当事者、特に適切な支援を受けずに育ってきた大人の当事者にとって徹底的に足りないのは、苦しいとか疲れたできないといったSOSの声を「きちんと肯定してもらえたという経験」だということ。

妻たち発達系女子にはその特性上、定型発達者とは疲れ方や自身のコントロールの難易度があまりに違い過ぎて、単に「だらしない」「倒れても自業自得」みたいな扱いを受けることが日常茶飯事で、さらに女性全体が抱えている「苦しさの無視」として男性中心社会の中で不可視化された生理という二重苦まで背負わされている。

けれど、抱えた苦しさに対する肯定を丁寧に与えていけば、彼女たちは「自分を大事にしてもいいのだという当たり前」を、少しずつでも取り戻し育てていくことができる。繰り返すが、その「取り戻し」に寄り添うのは、僕らパートナーでありたいとつくづく願うのだ。

生理か インフルエンザかって言われれば……
生理のほうがつらい……
マジか
月イチでインフルって……
それどんな
地獄ー
え…
わかるの……? 生理のつらさが……?
わかるよっ てか今までよく我慢してたよっ
つらいことはつらいってどんどん言ってよ!! 知りたいから
大ちゃん……
何!? 何!?
キモい
おいっ
僕が布ナプ洗いを始めて 妻のPMS期のやつあたりはあきらかに減った
つけおき洗い中
女の人って毎月こんな大変な思いをしてるのか…
そう思ったら自然と妻の生理周期に配慮するようになったし
顔色悪いよ 大丈夫?
うん…
そのことが妻の 自分をいたわる行動につながってきたんだと思う
早めに薬飲んで腹巻きしてみる
いいね!
僕たちってホント愛し愛されてる〜
んもーー
フフフフフ
フフ…
顔赤いよ 大丈夫?
大丈夫じゃないかもニャ……

第8章

発達系女子が働いてくれない

自称ニート妻のリアル

ずいぶんと長くなったけれど、最後の課題は、妻が「働いてくれない」ということについてだ。

序盤に書いたように妻と僕の出会いは都内の小さな編集プロダクションという職場恋愛だったし、そこを辞めた後も妻は大型書店での販売員や、在宅で人形の服を縫製してイベントに出店販売するなどの仕事はしてきているから、妻に就労経験が無いわけじゃない。けれど脳腫瘍の手術後は縫製仕事もほぼ畳み、10年近い無収入状況を続けている。

19歳で僕と同棲、結婚に至って今までの22年で、アルバイト収入があったのは5年ほど。かといって、積極的に会いに行く友人がいるでなし、買い物も僕が出かけるときにくっついてくるか、僕に頼まれたものを買いに行く程度だから、放っておけば何週間という単位で家に居続けてることも可能と本人はおっしゃる。

これはもう、社会的引きこもりの状況と言って差し支えないだろう。

働く気が無い、かといって自発的に出かけるわけでもない。さらにこれまで書いたように家事にも自発性があるわけじゃないから、1日の大半はテレビ視聴、スマホ閲覧、漫画やプラモ作りやゲームといった趣味の時間と猫などの生き物の世話（これだけは自発性がある）に費やされている彼女。

この状況に、そもそも妻自身はどう感じているのだろうと考えると、全く想像もできないのだ。

なにしろ一方の僕はと言えば、もともと晴れた日に家の中にいるだけで大損したように感じるアウトドア体質だし、子どものころから手に職が無ければ世の中を生きていけないという確信めいた焦りがあって、15歳から手元になんの仕事も無いという瞬間がほぼゼロ。どうして妻が「外に出ない、働かない」という状況に耐えられるのか、理解ができない。むしろそれは苦痛ではないのか。

ということで、改めてここは聞き取りを試みることにした。

ニート妻の本音は「疲れる」

「君はそれでも平気なの？　逆に閉塞感感じて苦しくなったりしないの？　時間があって車も持ってるんだから（我が家はド田舎なのでいわゆる一人一台体制）、好きなところに行けばいいのに」

「だって、独りで出かけるのは面倒くさい。メイクも着替えもしないとなんないし、あと出かけたら疲れちゃう。疲れてその後にやりたいこととかやらなきゃいけないことができなくなるの分かってるから、いいの」

「でも買い物そのものは好きでしょ君」

「そうだね。買い物するとストレス解消になるしメンタル上がるよ。でも、その後の疲れはつらいから」（※例によって返答はほぼファール玉なのでこれでも翻訳済）

うーむ。確かに前述したように、妻は買い物に一度出かけると、楽しさの方に過集中してクタクタになるまで歩き回って、翌日の家事がままならないなんてことが毎度のこと……でもそうだ、買い物が好きってことは、僕の管理下じゃなくて自分で自由に使える自分のお金が欲しいとは思わないのか？

ちなみにこの10数年、妻の自由に使える金は預けてあるクレジットカードの支払額で管理していて、月に3～4万円台で収まるように妻自身でコントロールしてもらっている。家庭改革後の現在は家事の一切は協働作業だから、かつてのことは別にしても現状その小遣いは労働対価としてあるべきものだが、使い過ぎれば文句は言うので、全く妻の自由というわけでもない。

「君は自分の自由になるお金が無いってこと自体に不自由を感じないの？　僕が同じ立場だったら金額云々じゃなく単に自分の好きに使える金が無いって時点で、その不自由に耐えられないと思う」

「ああ……お金はあたし、そんなたくさんは要らないの。自分が、手元にお金あればあるだけ使っちゃうタイプだって分かってるから、大ちゃんに管理してもらってる方が楽。お金が全く無くなって苦しい思いするぐらいなら、多少不自由な方を取る」

「でも人間、働いたことに正当な報酬がもらえたら、自己評価にもつながるでしょ。それって自由なだけじゃなくて気持ちも上がるってことだよ？」

「んーでもね。あたし今まで働いたことで、楽しいと思えたことが一度も無いんだよね。**お金もらってても、いつもつらさのほうが勝ってた。精神的にも肉体的にも疲れるし。なんていうの？　お金じゃない。お金で埋まらない部分の心が削られる感じ？**」

ん〜〜、なるほど……。

さて、どう思われるだろう。

つらい思いをしながらも生活のために働いている読者さんは、少々妻に反感をつのらせたかもしれない。僕自身、家事と仕事のワンオペ状況は長く苦しんできたことだったし、家事協働体制への移行期においてすら、「どうして働いてくれない」の感情は最もアンガーコントロールが困難な部分だった。

けれど、悩んで悩んで、さらに僕自身が脳機能障害の当事者となって家庭改革も終盤に近付いている感のある今、僕の中にはかつての感情と拮抗する気持ちが大きく膨れ上がってきている。

それは、**「この糞な世の中に、妻を働きに出したくない」**である。

そんなことが言えるのはなんとか我が家がギリギリ僕のシングルインカムで成立しているからなのは分かっているし、この感情に大きな賛同を得るのも相当難しいと思う。

けれど、これが今の僕がようやくたどり着いた結論。そこに至ったキーは、妻の言葉の中にもたびたび出てくる「疲れ」についてだ。

脳の「疲れ」に対して理不尽過ぎる社会

そう、妻の言う疲れとは、単なる身体的疲労ではなく、脳性疲労についてのことで間違いない。

易疲労＝脳の疲れ易さと、認知資源が枯渇した状態の、あの絶望的な「どうにもならない、何もできない感」。それは何度も書いてきたように、僕自身が当事者になって初めて知った、それまで想像もできなかった圧倒的不自由だ。

妻が度々口にする「疲れ」が、あの疲れだとして考えたら、どうだろうか……。浮かび上がってくるのは、妻たち発達障害特性を持つ当事者が、定型発達中心で出来上がったこの世界を生きることの、圧倒的な理不尽だ。

だってそうだろう。

健常脳の持ち主なら10の認知資源を使うごく簡単な作業に、妻たちは20も30も削られる。起床しているだけで、周囲の環境情報に削られる。緊張や不安があれば、その摩耗はどこまでも加速し、普段ならできることもできなくなってしまう。

我が家の家事改革でたどり着いた、**「公平とは作業量ではなく脳（認知資源）の消費量で釣り合っている状態」の見地に立てば、例えば時給９００円のコンビニバイトをしたとしても、妻たちは１８００円や２７００円をもらわなければ、不公平。**

にもかかわらず、現実が向いているのは、公平とは全く逆のベクトルなのだ。

本来、健常な人と手足に不自由がある人に同じ重さの物を運んでもらった時、より多くねぎらいと報酬を与えたいのは、不白由のある人に対してじゃないだろうか？　けれど、見えない不自由である脳機能障害の特性を持つ者に投げられる言葉は、全く逆。

「どうしてこんな作業でそんなに疲れるの？　それしか作業が終わってないなら、人並みの報酬は与えられないね」

最近、家事改革の中で「合理的な配慮と環境調整のもとなら自分も案外やれるかもしれない」と、自分自身の伸びしろに気付き出した妻は、「もし働くなら障害者雇用枠で働くかなあ」なんてことをぼんやり言ったりもする。

そんなことを言うだけ目覚ましい進歩だとは思うのだが、妻の言う障害者枠の平均賃金は、精神障害で12万5千円、発達障害で12万7千円とある。ちなみに身体障害の場合は21万5千円だ。

こんな無茶苦茶なことってあるだろうか？

人の倍苦労して働いて、人より低い評価と報酬しか与えられない。それが、当事者の生きる「理不尽過ぎる社会」だ。

妻を「働かせたくない」社会

駄目押しに、僕が「今の世の中」で妻を働きに出したくない理由は、もうひとつある。それは、現状の障害者就労支援、その先の雇用枠の中で、妻が真にその能力を発揮して、金銭的報酬ではなく「自分が何かの役に立っている」という感情報酬を獲得できる仕事にたどり着けるとは到底期待していないからだ。

妻にはほとんど就労経験が無いが、20年以上連れ添って、彼女には高い知的ポテンシャルがあることを、僕が誰より知っている。最近になって妻の実家から子ども時代の彼女が受けた知能検査の結果が出てきたのだけど、そこに書かれていた彼女の知能指数は、ＩＱ１２９……。

ワーキングメモリは低いけれど、興味を持って過集中した事柄、人名、エピソードなどの記憶は突出していて、周囲の人間を驚かせることがある。人と分かり合う深いコミュニケーションは苦手だが、一期一会のコミュニケーション力は高く、初対面のハードル突破力みたいなものは明らかに僕の敵わない域にある。

知的好奇心の強さも突出していて、ニュースを観ていても本を読んでいても、時代劇を観ていても、常に出てくる情報の意味や歴史的背景などを調べつつというありさま。子ども時代にあった「問題文の意図をうまく読み取れない」「教師の言葉に理解のスピード、解釈が追いつかない」といったＬＤ特性のケアを受けていれば、彼女は自然科学や民俗学といったカテゴリーで立派な研究者にだってなれていたのではないかと思う。

もちろんこうした妻のポテンシャルはその底に発達障害特性があるものだから、分かりやすい課題の指示、充分な思考の時間と焦らない環境、不安や不快な要素の除去、周辺の情報の制限、興味を向けさせてもらえるといった配慮があって初めて発揮されるものだろう。

けれど、やはり現状（2021年時点）の就労支援や障害者雇用枠での就労が、この彼女のポテンシャルをきちんと理解し、発揮させ、それに見合った内容の職種とその能力と労働に伴う正当な対価を与えてくれる賃金に導いてくれるとは、僕はとても思えないのだ。

以上が、僕が妻に働いてもらわなくても良いと「現状では」結論付けている理由。だが、こうした状況を鑑みた上でもなお、働いてくれない発達系女子のパートナー読者には納得しきれない心情があるのではないだろうか？

分かる。むっちゃ分かる。

それは、僕が「**働かせたくない**」**と思うことと、妻自身が**「**働こうとしない**」**ことは意味が違う**から。

僕自身、妻たちの抱える脳性疲労の特性やその不自由感を知ってもなお、わだかまる感情があった。ねえ、働かなくていいの？　君本当にそのまま働かずに今のままで、年を取り続けていくの？

働かこうとしない妻にそのままでいいと、本音で僕が思えるようになるためには、もうひとつ越えねばならない大きなハードルがあったのだった。

不満の底に「役割の無い妻」

まず、働かない妻に対しての不満の理由に、僕だけ働くことの不公平感、生活をもっと楽にして将来を安心したいという経済的見地があるのは当然のこと。けれど、自らの中で絡み合う感情を整理していくと、これだけじゃないことに気付いた。

というのも、僕の中にそうした不満の感情が特に膨れ上がるのは、仕事部屋で忙殺されているときに妻のゲームの音が聞こえるとか、炊事に立ち働いているときに妻がスマホをいじってるなんてシーンに加えて「外出した時」があったからだ。

日中に街を歩けば、そこでは嫌でも妻と同世代の女性が働いている姿を目にする。コンビニに行ってもご飯を食べても病院に行っても役所に行っても、どこにでも働く女性、働く女性、働く女性。または子どもの手を取る、子育て中の母親……。

そうした女性たちの姿を見る度に、かつての僕の中では、不満がつのっていた。

「世の中で何かのロール＝役割を持っている」女性と、何のロールもあるように見えない、働かない家事もしない自発的に外出すらしない引きこもり状況の妻を比較して、

「本当に君はこのままでもいいの？」という気持ちが膨れ上がる。

おしゃれをしてメイクだってして、社会の構成員として堂々として見える女性と、あまりにもかけ離れた妻との比較……。

思えば妻は、出会ったころから徹底的に「何かのロールを担わない」女性だったし、僕はそんな妻に対し、常に不満を抱え続けていたのだと思う。

例えば僕は、同棲と結婚を経て家族になっていく中で、妻を僕の実家に連れて帰ることを、とてもストレスに感じていた。

女の役割という昭和の呪い

実家に妻を連れて帰ると、妻は義実家の前で緊張もあるのか、普段なら言わないような不用意な爆弾発言をしてしまう。

家族の話にことごとく食い違った返答をする妻。家族が台所に立っても居間でテレビに見入って手伝おうとしない妻。ならまだしも、実家に着くなり具合が悪くなって客間のソファでずっと横になったままなんてことも度々……。

家族に対して配偶者を良く見せようという気持ちはどんな人にもありそうなものだ

が、ことごとく悪い面しか見せようとしない妻に僕は不満をつのらせていたし、自宅に帰るときはいつも妻に小言を言って口論になっていたような気もする。

だがどうだろう。

こんな時に僕が妻に感じていた不満の底にはやはり、**「妻というロール」を果たしていないように見える妻を、家族に堂々と見せられないというストレス**があったのではないか。僕は脳内で想起する「夫の実家に来たらお料理手伝って家事を率先する外っ面の良い＝実家受けの良い妻像」とリアル妻を比較して、勝手に苛立ちをつのらせてきたのだと思うし、友人の妻がまさにそんなタイプだったりすると、無いものねだりの羨ましさを感じていた。

これが、わだかまりの正体。それは妻の障害特性ではなく、僕自身の問題。

昭和48年生まれ、日本の男である僕の中に、汚泥のようにこびりついていた「ロール＝役割の呪い」。それこそが、妻に対する違和感や不公平感の底に沈んでいたわだかまりの本態であり、そこから脱却することが、僕自身を楽にする最後の特効薬だったのだ。

役割＝生産性ではない

「ロールの呪い」は、発達障害特性云々は抜きにしても、現代の生きづらさの根幹であり、なかなか脱却し難い強烈な呪いだと思う。

僕にかかっていた呪いは、外で働くという役割を持たない妻は、家事労働をするか育児をするか、何らかの役割のもとに生きるべきというものだ。乱暴に言えば、働かざる者（生産性の無い者）食うべからず。けれど、突き詰めて考えると、これは極めて危険な思想だ。

なぜなら、役割の無い人間は存在するべきではない、社会に対して生産性が無い人間は生きている価値が無いという考えは、障害や不自由を持つ者と社会を分断する最悪の呪いであり、極論すれば「津久井やまゆり園」（相模原障害者施設殺傷事件）の植松聖の論の正当化にすら与するものとなるから。ＬＧＢＴに「産み育てる」という生産性のロールが無いからとして大炎上したどこかの議員の大失言にも通じる。

けれど、人のロールとは、生産的な活動だけに紐づくものだろうか。

違う。

なぜなら、いまでは家庭運営の重要な担い手となってくれている妻だが、仕事も家事もしなかった時の妻に何のロールも無かっただろうかと思い返せば、絶対にそんなことはなかったからだ。

常に僕のそばにいてくれる妻は、第一に僕を独りぼっちにしないという役割を担ってくれていた。彼女がいるから僕は仕事が終わった後に独りで食事をしなくて済み、気持ちが削られたときにそれを共有してもらったり、答えの出ない悩みを抱えた時にも「今を楽しむ提案」をしてもらうことができた。

このロールは、どんな女性にもできることじゃなくて、妻にしかできないロールだ。思えば僕もそれなりにだらしなくて、性格も細かくて面倒くさくて融通が利かなくて、僕と365日生活を共にして耐えてくれる女性も、僕の側が耐えられる女性も、そうそう存在しないと思う。

妻無くして、僕は今のパフォーマンスで仕事はできないだろうし、そもそも僕が高次脳機能障害となった後に自死の道を選ばなかったのも、妻がいてくれたからだ。

生産性を全く抜きにしても、「誰かのパートナーが務まる」ということだけで、それだけでも立派なロール！　**僕のパートナーとして存在してくれているだけで、妻は街を歩くどんなに生産的ロールを担っていてどんなに優秀な女性よりも、得難い役割を果たしてくれている！**

そう思い至ることができて、僕の中に長年横たわっていたネガな感情は、やっと消え去ったのだった。

ニートな妻はどんな人にも自慢できる愛妻になり、家族にも堂々彼女の存在の重要性を主張できるようになった。

「お連れ合いは何をされていますか？」と聞かれていまの僕なら**「妻は僕のパートナーをしています」と堂々答えることができる。**

そう答えることに、何の痛痒も感じないとは、何と楽なのだろう!!

発達系女子を障害化するジェンダーバイアス

さあ、この展開は、思考のプロセスをすっ飛ばしたらまるで読者さんのついて来れない極論だと思うので、丁寧にフォローしたい。まえがきに但し書きをしたように、本書を「発達障害特性のあるパートナーを持つ人へ」ではなく「発達系女子のパートナーへ」とした理由が、このロール問題にある。

考えてみて欲しい。

発達障害特性を持つ男性と女性。そのいずれもが生活のシーンで様々に特性を障害化させてしまうとは思われるけれど、パートナーシップ形成の上で欠かせない「家庭運営」というシーンにおいては、その障害化の相はずいぶんと違ったものになってくると思わないだろうか。

まず、いまだ横行する「家事は女性の役割だ」というジェンダーロールのもと、ただでさえ特性を障害化しやすいマルチタスクの集合体である家事は、当事者女性にとって最悪の障害化ステージになってしまうのは言うまでもない。

一方で、男性はどうだろう。昨今ではようやく家事育児に協力しない・主体性を持たない男性には家庭内人権が無いみたいに言われるようになってきたけれど、そこにかかっているバイアスは、女性とは比較にならないほど軽い。

例えば我が家のケースに引き寄せれば、**仕事をしつつ家事もこなす僕は、ワンオペのつらさを味わいながらも周囲からは過剰な評価を受けていた**と思う。独り暮らしの男性が家事をやっても「まめな人」だが、家事力の無い妻を抱えた家庭で家事の主体を担う夫だった僕は、周囲から「大変なパートナーを抱えて頑張るすごく偉い人」「仏な夫」扱いされていたように思う。

そして、その背後に、妻の障害特性を理解せずに叱責を重ねて追い込む「最悪のＤＶ夫」という加害性を持っていることについて、誰かに指摘されたことなんか、一度たりとも無かった。

けれど、僕の立場が女性だったら、同じ評価には絶対ならなかったろう。

女性なら、家事に主体性を持つのは当たり前、できて当たり前というバイアスのもと、「夫が家事を手伝わないなんてよくある話過ぎる」「でも夫が仕事してないわけじゃないならまだマシ」みたいなあるあるトークに絡め取られてしまうのがお定まりだろう。行き着く先が、カサンドラだ。

どうだろうか？

もう、「家庭運営」というステージにこびり付いていたジェンダーバイアスは、間違いなく女性当事者に不利に作用すると断言しても良いと思う。何より凝り固まったジェンダーロールという規範の下では、発達障害特性のある女性は「被害的」な立場に追い込まれやすい。

これが、パートナーシップと家庭運営というステージでのお困りごと解消を描く本書における「当事者」を発達系女子（女性サイド）に限定した、最大の理由だ。

ジェンダーバイアスから解放されて楽になるのは「男」

ということで、ここに至って妻たち発達系女子と家庭運営をする中で避けられない「働いてくれない」「家事をしてくれない」にまつわる不公平感やいらだちといったネガティブな感情は、ようやく僕の中から解きほぐれ、ようやく楽になることができた。

とはいえ周囲の男性と話して比較する限り、これでも僕はもともと「女性のロール意識」が薄かったほうで、元々考えもフェミ寄りではあるし、僕のようにすんなり「改宗」できる男性ばかりでないことは分かる。染みついた「女はこうあるべき」を改宗するのが難しい定型パートナー男子も少なからずいるだろう。

そうした読者には、4つのことだけ伝えたい。

①まず、社会にこびりついてきたジェンダーロールは、僕らが愛する発達系女子に対して大きくマイナスに働き、彼女たちはロールの被害者になり続けてきた可能性が高いこと。

②パートナー男性がそのロールに縛られ続ければ、その男性は発達系女子を加害してしまう立場に容易になり得てしまうこと。

③ロールの呪いによって、パートナーの発達系女子の良い部分がどんどん見えなくなってしまいがちなこと。

④ロールの呪いから解かれることは、日々のストレスを劇的に減らして双方楽になるという意味で、発達系女子と生きるために最も戦略的だということ。

どうだろう。これは大事に思うパートナーを被害的立場に追い込まないことと、自分が抱えているジェンダーバイアスと、どちらが大事かという問いだ。

誰が定めたかも分からない息苦しいロールからもバイアスからも解放されることで、発達系女子も僕らパートナーも、どれほど生きていくうえでのストレスを減らすことができるのか、是非味わってみて欲しい。多分、この呪いから解放されて楽になるのは、僕ら男の方かもしれない。

仕事をしつつ
まあ料理は好きだし
家事をこなしてると
すばらしい！なんてできた夫
えっ
絶賛されがち
神！
でもこれって
ゆるふわ♡
僕が女性だったら
夫が家事しない？よくある話よねー
なんやて？
あるある
夫が仕事してないワケじゃないんでしょ？
いーじゃん

それって
おかしくない!?
くやしいっ
大ちゃんの女装
イケてる♡
もっとクオリティ上げたいっ
シャーッ
妻は僕のパートナーであればそれでいいのだ。

最終章

発達系女子と生きる

妻、戦力化する!!

妻と僕の家庭改革が始まったのは、僕が高次脳機能障害となったのがきっかけ。発症が2015年の5月だから、あれから6年弱が経った。

思えばそれは、妻が僕と付き合ってから結婚するまでの期間に及ぶが、その間にあらかたの家庭改革は済んで、僕が日常で抱えるストレスも、激減した。彼女にとってもそうであって欲しいと思う。

けれど本当に、心底、これは夢のようだ。

かつての妻は、夕方起きてテレビの前に直行し、せっかく作ってあげたご飯は残して夜中にネットゲームの戦闘音をバリバリ鳴らしながらスナック菓子を食べ散らかし、僕が朝起きてみればせっかく作った食事は机の上で腐り始め、茶の間の床は脱いだ服やらゲーム機のコントローラーや延長ケーブルが絡まり合って、毎朝毎朝僕はそれをほどいて片付けることから1日を始めていた。

それが今や、彼女は家事運営の中で無くてはならない戦力であり、いまだいくつかの不自由を抱える高次脳機能障害当事者としての僕にとって最大の理解者と援助者であり、彼女が居なければ我が家の家庭も僕の仕事も正常に回らないところまでになった。

「すごいよ妻。俺は感無量だよ」

「それはあんた、ラスプーチンの秘密の花園だな」

「……」

まあ、もう少し会話が通じる感じになってくれるとありがたいけどな、と思う時はある。

たくさんの「苦手」の理由は、全部根っこで繋がっている

だがさて、6年弱かかってまだ継続中である我が家の家庭改革だが、さまざまなお困りごとの改善には、絶対のセオリーと、定型化したルーチンがあったように思う。それが、以下に示すものだ。

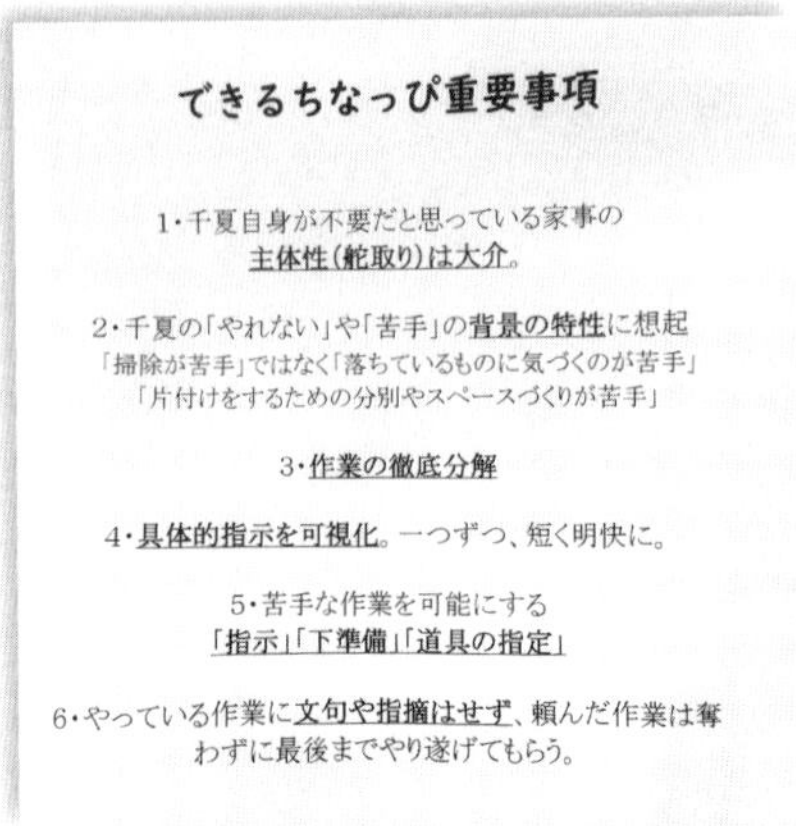
できるちなっぴ重要事項

1・千夏自身が不要だと思っている家事の
主体性（舵取り）は大介。

2・千夏の「やれない」や「苦手」の**背景の特性**に想起
「掃除が苦手」ではなく「落ちているものに気づくのが苦手」
「片付けをするための分別やスペースづくりが苦手」

3・**作業の徹底分解**

4・**具体的指示を可視化**。一つずつ、短く明快に。

5・苦手な作業を可能にする
「指示」「下準備」「道具の指定」

6・やっている作業に**文句や指摘はせず**、頼んだ作業は奪わずに最後までやり遂げてもらう。

妻を最大限活躍させるために必要な僕の心得。
壁に貼って身につくまで何度も読み返した（なかなか身につくものではない）。

①妻にさまざまな不定型発達な特性があることと、彼女自身が不要だと思っている家事の主体性（舵取り）は僕がやるべきなのだという「大前提」を、常に念頭に置く。「その家事は誰が考えたって必要でしょ」というイズムの押し付けは絶対にしない。

②家事は分業ではなく「協働」で行い、通常ひとまとまりと考えられている家事を徹底分解して依頼する。

③協働する中で、妻がどんな作業に「やれない」や「苦手」を感じているのかを具体的に見極める。「掃除が苦手」ではなく「落ちているものに気付くのが苦手」「片付けをするための分別やスペース作

りが苦手」のように。

④その「やれない」の原因に、彼女の抱える特性がどう作用しているかを考え、本人からもその不自由の感覚を聞き取る。同時に彼女が「得意」とすることも見極め、積極的に得意な作業を振る。

⑤苦手な作業も「指示の出し方」「下準備」「道具の指定」などでやれるかどうかのトライアルをして、どこまでやれないのかを見極めていく。

⑥担当作業をやってもらう場合、必ず指示を怠らない。指示はひとつずつ、短く明快に。もしくは文字に起こして。

⑦頼んだ作業のやり方が不器用だったり合理的に見えず、同じ作業を僕がやった方が早くても、文句や指摘はせず、頼んだ作業は奪わずに最後までやり遂げてもらう。

こう書き出すと少々複雑に感じるかもしれないが、ここでものすごく大事なのは、やはり62pに書いたように彼女たち発達系女子の苦手なことを「知識として知る」のでははなく、なぜ、どんな感じで苦手なのかを、一緒に考え、想像力を養っていくことだ。そうしてひとつの苦手を根本から理解できるようになると、たかが「注意欠陥」の4文字の特性を理由に、どれほど膨大な苦手（障害）が生まれるのか、いきなり認識が広がるステージが訪れる。

あの「やれない」の理由もこの「苦手」の理由も、みーんな根っこの方では繋がっているという、それは目の鱗がバラバラと何枚も落ちていくような、抜本的理解への到達だ。一度そこにまで至ってしまえば、様々なシーンでの対策方法は概ね流用性があることに気付くし、「なんでそんなこともできないの」と思ってきたことが「こりゃできなくて当たり前じゃん」と思えるようになる。

昨今は本当に発達障害ブームというか、発達障害関連書籍バブルだから、この障害がどんなものかの知識を学べる本なども、たくさんある。けれど、**何より大事なのは「知識ではなく理解と想像力」**。単に知識としての「こうすればやれるようになる」を当事者に語ることは、単なる押しつけや独善めいたものになって、逆にふたりの間が不和になるリスクがあるのに対し、想像力が生むのは労りと歩み寄りだ。

もちろん僕自身、似たような障害の当事者になるというアドバンテージを持ちながらも、その知識が理解に及ぶまでには時間がかかった。が、大事なのは一度この抜本的理解ができてしまった時点から、我が家の家庭改革に苦労したという感覚が全然無い。むしろ楽しみながら改革を進めたというのが、本音だということだろう。

発達と学習を奪われてきた妻

「楽しみながら」の理由にはいくつかあるが、最大の理由は妻の能力について、僕も妻自身も、過小評価していたと気付いたことだ。

第3章には、家事を徹底的に細分化して全て協働にするトライアルの中、思いがけず僕よりも妻の方が得意な作業がいくつも出てきたことを書いたが、実は妻自身、アラフォーの年齢に至るまで、自分にとって何が苦手で何ができないのかが、さっぱり分かっていなかった節がある。

自分の苦手も得意も分かっていない、よく発達障害界隈では言われることだが、思えばこれは、当たり前のことだった……。

例えば妻には、発達障害の特性のひとつである「協調性運動の障害」＝身体を器用に連携させて動かすことの苦手がそれなりに色濃くある。ボールで生卵を溶かせてみるとよく分かるが、まるで左手（利き手の逆）を使っているかのように作業が稚拙で、テンポ良くリズミカルに攪拌するということができない。結果としてまずこぼすし、こぼさなかったとしても驚くほど時間がかかってしまうのだ。

包丁を使う際に添える手だってセオリーの「猫の手」に保つのが難しく、見ていて危なっかしい手つき……。

もちろん、それによって最終的に卵が溶けないわけではないし、包丁仕事がまるで不可能なわけではない。きっとその作業を何度も繰り返しやり続ければ、技巧性を発達させることだってできただろう（たとえそれが、定型発達の人間よりもずっと時間はかかるとしても）。

だがここで、彼女が自身の苦手にも得意にも気付いてこなかった理由に関わる、大きな問題がふたつある。

第一の問題は、彼女の育ってきた家庭や僕と暮らしてきた中で、彼女がその苦手への挑戦を「奪われてきた」ということだ。

ああ、過去の僕自身の心無い言葉が、脳裏に甦る。

「たかが卵を溶くのにそんなに時間をかけてたら、鍋が焦げる」

「そんな手つきで包丁使ってたら怪我する。そんなゆっくりしてたら素材が崩れる」

「これじゃいつになっても飯が食えない」

「俺がやった方が早い」

そんな言葉を、僕からも母親からも投げかけられ続け、「限られた時間内で食事を作る」という合理化の中で、彼女は何度も戦力外通告をされてきた。つまり、彼女は作業を与えられないことで、いっそうその発達と学習の機会を奪われてきたというわけだ。

さらにもっと酷い第二の問題は、**ひとつの不自由を拡大解釈されて、全部ができないという過小評価を受けていたこと**だ。例えば「卵を溶けない」ことと料理ができないことは全く別問題だが、料理という複合的な作業の方々にある小さな「できない」によって、彼女は「料理全体ができない」と、家族である僕らにジャッジされ、彼女自身すらも、そう思い込んでしまっていた……。

過小評価という地獄

実はこの小さな不自由によって全体の能力を過小評価されることがどれほど「残酷で恐ろしい」ものなのかについては、僕自身が高次脳機能障害の当事者になって新たに大きな声で発信しなければならないと思っていることだ。

41歳にして中途障害である高次脳機能障害になった僕は、第2章の漫画部分に描いたように、本当に信じられないほど当たり前のことでいちいち失敗する、不自由な世界に生きることになったのだが、やはり外から見えない障害ゆえに、他者から見ればかなり

不可解な状況にあったと思う、

例えば僕が1冊目の闘病記である『脳が壊れた』（新潮新書・2016年）の企画書メールを担当編集者に提出したのは、発症から12日後の急性期病棟でのこと。けれどこの時点での僕は、視線、表情、言葉といった表層上の自分を一切をコントロールできずによだれも少々垂れ流し、僕を見舞った友人には「鈴木大介という人間にはもう会えないのだと思った」と評される状況だった。

一方、病後2年で3冊の本を執筆できた僕は、そのさらに1年後の時点で新たに自治会の役を振られ、「会合で配るお菓子袋作り」や「集金袋の作成」といった非常に簡単な仕事で、どんな手順でそれをやればいいのか分からずにパニックを起こし、妻や友人の手助けで半泣きになりながらクリアするという経験もした。

これは、病前経験のある事ならある程度できても、未経験の課題の段取り作りというものが、遂行機能障害を抱えた僕にとっての鬼門中の鬼門だったからだ。

けれどこれ、どう思われるだろう？「もう鈴木大介はいない」と思われた時点で企画書が書け、3冊の本を書き上げられたのに集金袋作りもできない。矛盾としか思えないだろうが、これが見えない障害である脳機能障害には象徴的な事例なのだ。

ここで当事者にとって最もつらいのは、「病前通りの鈴木大介はもういないっぽい」「集金袋作りができない程度の能力」の方を、当事者の能力基準にされてしまうこと。

実際に、中途障害の高次脳機能障害の支援の場では、知的なワークでキャリアを積んだ当事者が、残存する能力を過小評価された挙句に知的障害の当事者支援である作業所に通わされ、支援拒否に至って引きこもり化してしまうといったケースを嫌というほど耳にする。

それは言わば、**漫画などでよくある、「知的で社会的地位もある人間が全く言葉の通じない旅先で、身分証明するものや現金などを失い、現地の警察などからその知性も立場も全く無視した理不尽な扱いを受ける」という定番の描写**を想起させる。

あれが、妻が子どものころから受けてきた扱い、僕がしてきた扱いなのだ。

この理不尽な「能力判断」は、構造的には「卵が溶けない妻＝料理ができない人扱い」と何ら変わりないし、妻の生い立ちを聞けば聞くほど、そうしたエピソードが嫌というほどに出てくる。

先天的な障害である発達障害の特性を抱え、人生の途上でその知的スペックを見過ごされた上で、様々な発達と学習の機会をスポイルされてきてしまった妻。

彼女は、自分が持てるスペックの全てを発揮した状況でなら何ができるかを知らないまま、人生の折り返しと言える年齢まで過ごしてきてしまった。被害者と言ってもいいだろうが、その加害の大半は、彼女の人生の大半を共に過ごしてきた僕によるものなのだ。

立ち上がる妻の自己理解

取り返しがつかない喪失だ。ただただ僕は、僕自身が彼女から奪ってきた機会を悔いるしかない。

が、家事改革の中、そんな理不尽の中に生き続けてきた妻にも、小さな変化が訪れてきた。

まず、ありがたいことは、調理の補助とか掃除の手伝いとかのルーチン化した作業については、彼女が明らかに学習をし、時に「発達」しているようにすら思えることが増えたことだ。

家事の協働体制は当初、主体性は僕が持った上で明確な口頭指示をするという段階から始まったが、次第に彼女は指示を待たずに自発的に行動したり、次の作業を自分から聞いてくるといったことが出てきた。

もちろん、家事の必要性を自覚するとかではないし、似たような課題でも新規の課題になると指示無しでは全く動けなくなったりするし、僕自身が油断して指示が雑になると家の中が再び全く回らなくなるから、彼女から障害特性が消えたわけではない。

けれど、ルーチン化された作業内であれば、繰り返しの訓練で彼女が戦力にならないなんてことは絶対に無いのだと、そう確信できたのは大きな進歩だった。

さらに嬉しい変化は、自分の得手不得手について彼女自身の理解が進んだこと。そして苦手なことについて以前ならにべもなく「無理」と言っていたものを「難しいから手伝って欲しい」と言うようになってきたことだ。

これがどれほど大きな進歩か、ここまでお読みくださった読者には、きっと分かっていただけるだろう。この返答、僕は「躍進の気配」だと考えている。

前章で僕は現状の社会情勢の中では妻を積極的に外に出て働かせたくないと書いているが、一方で自分の伸びしろ、ポテンシャルに気付き出した彼女は、その「協力の依頼」ができる障害者雇用枠であれば働けそうという発言をしてくるようなところまでたどり着いた。

その発言は、自分にとって何が得意で何が苦手かも分かっていなかった妻のなかで、5年をかけて自身の障害特性への自己理解が立ち上がったからこそのものだと思うし、その自己理解は、今後彼女が新たに何か挑戦したいと思った時に、大きな支えになってくれるはずだ。

家庭以上のトライアルの場は無い

そう、我が家が家庭改革の中で得た最大の財産は、この妻の「自己理解の立ち上がり」だったと思う。

ここもやはり高次脳機能障害の当事者として思うことだが、発達障害でも高次脳機能障害でも、「障害を自己理解して対策を立てることが、その後の生存戦略につながる」と言われていることは同じ。ただしこの「自己理解」とは、単に自分に障害特性があることを認めるなんてことではなく、いくつものステージがあるはずだ。

①知識として障害の存在や特性を知ること。
②自分の不自由がその特性に根差していると気付くこと。
③自身でやれる対策を講じること。
④他者がその対策に協力してくれることで、自分にやれることが増えると知ること。自分の中にある「得意」にも気付くこと。
⑤他者に自身の不自由を開示し、対策に協力・援助をお願いできるようになること。
⑥自己開示や援助希求した他者からのフィードバックを受けて、自分のお願い事がどこまで相手に伝わっているか、どうすれば伝わってくれるのかを体得していくこと。

⑦相手や場面によって、どこまで開示するか、どこまで協力の依頼ができるかを自分で判断できるようになること。

大事なのはこの⑥と⑦。他者とのかかわりの中、自身が社会の中でどんなポジションでならどこまで援助を求めて良いのかを知ることや、その都度の適切な援助希求の方法はどんなものなのかを学んでいくことだ。

発達障害にせよ高次脳機能障害にせよ、見えない不自由を抱えた当事者にとって、ここまで至って、初めて自己理解は社会を生き抜いていくための戦略になる。

さらにここで是非読者にも一緒に考えて欲しいのは、この①〜⑦のステージをトライアルする場にふさわしいのは、どんな場面だろうかということだ。

それは学校だろうか、家庭だろうか、職場だろうか……。

もちろん最も望ましいのは、妻のように無支援のまま成人を迎えることでなく、学齢期から家庭や学校内で適切なサポートを受けることなのは言うまでもない。けれど発達障害の概念はまだ若いものだし、高機能の当事者には妻同様に無支援で成人、そして二次障害を起こしたりパートナーシップの場で特性を大きく障害化させる当事者があまりにも多いのが現実だ。

そんな成人当事者にとって、トライアルの場として最もふさわしいのは、間違いなく

「家庭」「パートナーとの生活の中」だと、僕は思う。

人を育てることよりも利益や業務効率が優先されがちで関わる人間の数もタスクの複雑さも絡み合う就労の場は、むしろ自己理解より二次障害リスクの方が高い。けれどそれに比較して、家庭内は圧倒的にシンプル。環境調整をすればいいのは家の中だけ、接し方を配慮すればいいのはパートナーだけで、失敗を許容できる幅だって仕事とは大違いだ。

本書では発達系女子の特性を最も障害化しやすいのは家庭だと要所要所で書いてきたが、その障害化した当事者を戦略的に育てていくのもまた家庭内がベスト。そんな矛盾が、ここでは大いに成立すると思うのだ。

解散や他者の介入が必要なケースも

ただここで、どうしても触れなければならない厄介な視点がある。

それが、「解散の分岐点、個人（自分）の限界を見誤るな」だ。ドキッとするかもしれないけれど、解散＝パートナーシップの解消＝夫婦だったら離婚。個人の限界＝他者介入の必要性……。

本書でも前著『されど愛しきお妻様』でも、我が家の改革は「家庭内だけで」トントン拍子に進んだみたいに書いているが、それはそれで結構リスキーな行為だったと、僕は思っている。

何がリスクだったのか？

それはまず、生活を送る上で必然性があったにせよ、改革の根底には僕が妻を「アンダーコントロールに置く」という側面があったこと。さらに密室性の高いパートナーシップの場で**相手をコントロールしようとして「それが不可能だった場合」**、そこに**大きく立ち現れるのは、情愛転じての暴力や虐待に至るリスク**だということだ。

思い返せば僕自身、かつて妻に「言葉の暴力」を振るい続けたのは、彼女が自分の思うように動いてくれないとき、特に家庭内を前向きに考える提案に乗ってくれたり協力してくれるように妻をコントロールできないシーンが、大多数だった。

密室性と支配関係は暴力の温床。けれどそんな中、幸い我が家がなんとか夫婦間だけで改革を進めていけたのは、みっつのポイントをクリアしていたからだと僕は考えている。

まずひとつ目のポイントは、僕自身が妻の特性を無視して「できないこと」を無理強いしてきた過去に対して、**引け目や謝罪の感情**を大きく感じていたこと。かつてパラサイト妻の被害者だと思っていた自分が実はＤＶ夫だったと気付いたことで、「いいかげん変わってくれないと困るんだけど」ではなく「変わってくれたら助かるのでお願いです」の温度で妻に接し、常に自分の中にある「支配欲」をセルフチェックしながら改革に向かえたということだ。

加えて第二のポイントは、妻の元々のパーソナリティに、**争いごとを好まなかったり、依頼されたことを愚直なほど言葉通りに実行しようとする生真面目さ**があったということ。

もちろん妻は素直なだけじゃなく、「コントロールされることを意地でも拒絶するモード」があって、例えばこちらの投げかける言葉のトーンが「○○やれ」「○○しろ」という命令形だと、例えそれがどう考えても必要なことでも、牙をむいて梃子でも動かない頑迷さがある。

けれどここで、妻がもっと好戦的だったりこちらの言葉の揚げ足を取ってくるようなタイプだったら、僕は第一のポイントの「自分が加害者だった」の境地には至らなかったろうし、至っていても我を忘れたかもしれないし、僕自身が自分のコントロール不全に陥って、我が家は改革どころか血まみれの争いに陥っていたかもしれない。全然ありえた話だ。

そして最後のポイントは最も重要。それは、妻にはアルコールやギャンブル、極端な浪費、摂食障害といった、「**コントロールがそもそも困難な依存**」がほぼ無かったということだ。発達障害の特性を抱えて生きてきた当事者の中には二次障害的に依存傾向の強さもあって、そこには性依存やクレプトマニア（窃盗癖）といった、社会的にコントロールが必要なものを含む。

こうした嗜癖はパートナーシップ形成や家庭運営上の直接的打撃だからどうしてもコントロールが必要ではあるけど、当事者や素人パートナーによってコントロールできるなら、そもそも依存症がこんなにも深刻な病理になんかなってない。やはり僕の妻にさほど依存が無かったことは、家庭改革をイージーモードにしてくれたポイントだったと思う。

ということで、上記の3ポイントをクリアできない場合、僕は本書を使ってのパートナーシップ改革を読者にお勧めしたくない。

お互いの傷が深まる前に「解散」の選択をするか、それでも情が勝って別れられない（パートナーで居てくれるというロールに十分な重さがある）ならば、迷わず専門性を持った第三者の支援の手を借りて欲しいと思うのだ。

「毒にも薬にもなる」なんて言葉が、まさに僕ら発達系女子のパートナーにこそ言えるということを、よくよく肝に銘じたうえで、改めて本当に自分がパートナーの救いになれるのか、自らの欲求が単なる押し付けや支配欲でないのか、改革と称して加害の上塗りをしてしまわないか、セルフチェックを怠らずに、真剣に自分自身とパートナーに向き合って欲しいと思うのだ。

パートナーシップを誤解していた

ではいよいよ、我が家の家庭改革について、最後の総括をしようと思う。

改革を通じて、最終的に僕が至った気付きは、僕がパートナーシップというものについて、大きな誤解をしていたということだと思う。

かつての僕は、「互いに自立した大人」である夫婦が共稼ぎで家庭を運営するのを見て、心底羨ましいと思っていた。妻には放っておいても働いて稼いで趣味を充実させて家事もある程度やってくれる大人になって欲しいと願ったし、そんな彼女と適度に家事や家庭の運営を負担し合う、「大人と大人による共同生活」としての家庭が理想だと思っていた。

もちろん、それが世の中の夫婦における理想形のひとつであることは言うまでもない。

けれどそれは、パートナーシップの唯一解では、決してない。

今、僕は障害当事者となり、ひとりで生きていける自立なんて「健常者の贅沢」に過ぎないことを知った。妻も自立できないし、ひとりでは生きていけないけれど、僕もそんな妻の支えが無ければ生きていけない。けれども、そんなふたりで築く我が家に、現状困っていることはあまり無い。

　これはこれで、ひとつの理想形。いや、もしかしたら場面によっては、自立した大人同士のパートナーシップよりも優れた形ではないか、とも思うのだ。

　なぜなら、脳の機能障害に限らず、「ひとりじゃ無理」な瞬間は、人生の途上でどんな人に訪れてもおかしくないものだからだ。

　僕のように働き盛りでいきなり高次脳機能障害なんて激しいものでなかったとしても、あらゆる内臓疾患、事故などによる怪我、仕事などのストレスによるメンタルの不調、誰にも老化と共に訪れる身体機能や認知機能の低下……。人は誰しも、人生のどこかで、あっけなく「自立困難＝ちょっとひとりじゃ生きてくの無理」な状況になる可能性があるし、いずれ誰もが自立できなくなる。

　そんな時、お互いを支え合って家庭を運営していけるのは、**「自立した大人×2」を前提にパートナーシップを築いてきたふたりではなく、普段から協働し合って不自由を乗り越える戦略の中で生きてきた、僕らのようなパートナーシップ**だと思う。

　僕らは互いの不自由やできないことを責めること無く、互いにできることで補い合って自立する方法を知っている。突然人生に降りかかる不自由を、共に乗り越えていける強靭さと柔軟性を持っている。

僕自身、この妻となら、今後様々なトラブルがふたりを襲ったとしても、乗り越えられると思う。完璧に働き家事をし何事もそつなくこなす自立的なパートナーを、羨ましいとはもう思わない。

発達系女子の我が妻は、今やこんなにも心強い、自慢のパートナーだ。

「ってことで妻よ、これからもお願いします」

「寿司屋の持ち帰りのプラ皿が何やっても割れないんだけど！」

お前ね、こんな長い本の、最後の言葉がそれかよ……。

あとがき

発達系女子と定型男子のパートナーシップ改善メソッド、ここまでお付き合いくださり、ありがとうございました。もちろんこれは、あくまで我が家のケース。発達障害の特性は当事者によって強弱もあるし、知的スペックや育ってきた環境、受けてきた教育などによって、家庭内でどんな困りごとが起きるかは百人百様です。

けれど、定型発達者との生活の中では、そこにパターンを見出すことはできます。

それが、定型サイドが「自分にできることはパートナーにもできるはずだ」という思い込みで障害当事者サイドに無理を押し付けてしまうこと。本書で何度も繰り返してきたように、当事者の「できない」を「やらない、やろうとしない」の文脈にすり替えて当事者自身の能動性不足や努力不足として責めてしまうパターンです。

自分がやれることは相手もやれるはず、勝手に四字熟語を作るなら「自能他能」のマインドは、社会全体に蔓延《はびこ》る呪いのようなものですし、いわゆる自己責任論の源泉でもあるでしょう。そのマインドによって生じる齟齬は、パートナーシップ形成の場だけでなく、会社組織でも教育の場でも、普遍的に起こりうるものだと思います。

けれど、間違いなく言えるのは、発達障害（をはじめとする脳機能障害）当事者こそが、その自能他能マインドによる最大の被害者だということです。

その理由、本書を最後までお読みくださった読者さんには、もうお分かりでしょう。

まず、脳の機能障害は目に見えない障害であること。

「やれなくなること」が、あまりにも健常者が無意識にやれてしまうことであること。

ひとつの困りごとを当事者が自身の努力や工夫で乗り越えたとしても、障害特性が無くならないわけではないから、似たような別の課題で躓《つまづ》くこともあります。そうしたとき、健常者の判断は「Aができるのに、Bができないはずがない」となりがち。僕自身も妻との家庭改革の中で、何度もこの罠にはまりかけました。

加えて、最大の罠は、発達障害の特性によって不自由になることが、定型発達者にも「なんとなく分かる不自由」という点です。

例えば集中して難しい計算をしている際に横から声をかけられ「ちょっと後にして」と対応した瞬間に、やっていた計算をどこまでやったのかが分からなくなってしまう。試験勉強をしているときに周囲の騒音が気になって集中できない。こんなことは誰もが経験のあることです。

問題は、健常者がこうした「たまに起きる不自由」に対して「工夫や努力でクリア」できる一方で、障害当事者は同じ不自由が「クリア不能なほど致命的な重さ」で「四六時中継続して起こっている」ということ。

ここを見誤ると、当事者の不自由を分かった気になって健常者にしか通用しない対策を押し付け、それでもやれない当事者に対して結局「やる気が無い」のレッテルを貼るといった善意の暴力も生まれてしまいます。

そして駄目押しが、当事者のできるできないに日内変動、日による変動が激しくあり、ある時はできることがある時はからっきしできないという特性も絡んでくるということでしょう。

なんでこんな当然のことができないのか?
あれはあんなにできるのに、これがなぜできないのか?
みんな頑張ってるのに、あなたはなぜ頑張れないのか。
さっきまでできていたこと、昨日はできていたことが、なぜ今はできないのか。

いやはや、僕も元は定型発達脳で生きてきましたから、彼らの「できない」がいかに定型脳にとって理解し難いかは、身に沁みて分かります。けれどここで大事なことは、発達障害当事者とは、親から、学校の先生から、社会から、ずっとこんな言葉を投げかけられて苛まれてきた人々だということです。

彼らは僕のような中途障害の当事者と違って「できるとはどういうことか」という感覚を知らずに育ってきた者です。「できない自分」「できている周囲」の違いがどこにあるのかも分からぬまま、闇雲に周囲の定型発達者について行こうとしてきた彼らの背後には、ものすごい努力の痕跡があります。なんとか人並みに育てねばという親の愛情(という名の刃)や、頑張っても頑張ってもついて行けなかった経験などもあって、もう満身創痍。さらに発達系女子はガラスの天井問題やら良妻賢母幻想みたいなジェンダーバイアスにまで両足を引っ張られ、いっそう色濃い被害像が立ち上がります。

これは恐らく僕の妻に限らず、発達障害について認知と支援が未発達だった昭和〜平成初期生まれの当事者や、部分的に高機能だったり、障害特性が比較的軽度な当事者、成人後診断のケースには共通のことでしょう。

本書では、自身が発達障害と近しい特性になるという、少々飛び道具というかチート技を使えるようになった僕の視点で、なんとかこの「分かりづらさ」の翻訳を試みましたが、それでも理解し難いことはあると思いますし、根本的な理解に至るまでにはそれなりの時間がかかるものだと思います。

ただその上で、本書をお読みくださった男性パートナーには、特に望むことが、ふたつあります。

まずは僕らの大事なパートナーである発達系女子に対して、その生い立ちから今に至る過去の努力を再評価・尊重する、労いの視点をもっていただくことです。

今までこの理不尽な世の中を生き抜いてきてくれてご苦労様、本当に本当に頑張ったんだね。そう心の底から思える見地に至って欲しいし、口に出してきちんと伝えてあげて欲しいのです。

そして、僕らの大事なパートナーを傷つけ続けてきた社会や環境に対して怒りを共有し、その加害の一端を担った僕ら自身についても深く反省して欲しい。自省については僕ら自身痛みを伴うことになりますが、発達系女子が受けてきた痛みや喪失に思いを馳せれば、僕らの痛みなど比ではないはずです。一緒に反省しまくりましょう。

もうひとつ読者に求めたいのは「社会を変える第一歩は家庭から」という見地を共有していただくことです。

社会はいろいろな都合と利害を抱えた者の複合体で、経済的な合理性と拮抗する動きには大きな反動もありますし、変革に大きな時間がかかることは、昨今の言葉ばかりで上滑りするダイバーシティやＳＤＧｓ絡みの政策を見ての通りです。とかく僕ら日本に生まれた男性は、この効率性重視の社会をいかに合理的に回すかといった教育を嫌というほど受けてきてもいます。

けれど、社会と家庭は全く別物です。家庭とは家族という限られた人員が情でつながれているという、もっとも柔軟でフットワークの効く集団。ましてそれが相手を選べない原家族ではなく、選んで一緒になるパートナーと築く家族であれば尚更でしょう。

社会を変えるには膨大なコストと時間がかかるのに対し、家庭の仕組みや運営方針を発達系女子に合わせてバリアフリー化することは、パートナーの匙加減ひとつで今この瞬間から始められることです。ふたりの考えよう、パートナー間の合意によって全て根本からガラッと変えてしまえるのが、家庭なのです。

にもかかわらず、そうして障害特性に配慮した家庭改革を目指した結果、得られるメリットには膨大なものがあります。

「やってくれない」ではなく「できない」だと理解した瞬間に消え去る、不満や苛立ちの感情。パートナーに配慮できるようになって激減する諍いごと。ひとつずつ困りごとが解消するたびに家庭に舞い戻る、喪われていた笑顔と対話。発達障害特性の持ち主は否定と失敗にまみれた過去から「自分がどこまでできるのか本人も分かっていない」という状況に陥りがちですが、実際に工夫を重ねてやってみたら「意外にできる！」というシーンだって度々訪れます。

一度始めた改革が加速度的に進む感覚は、ギアに例えると分かりやすいでしょう。

家庭運営に協力してもらえず、家事も仕事もワンオペという状況は、自分ひとりが歯車を全力で回している状態。けれどそこにパートナーのギアが絡んで「協働」が始まることで、いくつかの気付きが生まれます。

まずは独立したギアをひとりで回しているだけの状態では1回して1しか進まないものが、パートナーのギアと歯を噛ませることで、1回したら3進むこと。1進ませたければ0．3回せばいいだけ。つまりパートナーシップのギア比は1：1ではなく、変則比があるのです。さらにもうひとつ、当たり前のことながら、発達系女子側のギアにも十分に駆動力があるという気付きもあります。

すごい！　噛み合った歯車で進める家庭運営は、1馬力＋1馬力＝2馬力ではなく、1＋1が4馬力にも5馬力にも感じる。面白いように進む進む！　坂ガンガン登る！

これまで変則ギアの無いママチャリで必死に走っていたようなワンオペ読者であればこそ、このいきなりギア＆電動アシスト付き自転車に乗り換えたような圧倒的軽快感を、心の底から味わえるのではないかと思います。

ということで、まずは第一歩、家庭運営の中で自分自身が困っていることや不満に思っていることとの背景に、パートナーである発達系女子の「できない」＝障害特性がどう絡んでいるのかを想像してみるところから。その代えがたく魅力的なパートナーの本当の姿を知る旅に、是非一歩踏み出してください。

そして、発達系女子の読者の皆様には、愚かな僕らをどうか見捨てずに、僕らが学び変わることに付き合ってくださいますよう、お願いします。僕らは頑迷で、色々なバイアスにとらわれなかなか変わることができませんし、ひとつ理解してもその理解が他にすんなり応用できるようになるまでには、なかなか至りません。

けれども、好きで一緒になったあなたたちを傷つけることは、僕たちにとってもつらいことなのです。

どうか、こんなしょうもない僕らを、あなたたちの手で育ててください。

本書を執筆するにあたりご協力いただきました、我が家の妻、僕にこびりついていたジェンダーロールを破壊してくれた女友達のみんな、理解の難しい障害特性を分かりやすくビジュアル化してくださった漫画家のいのうえさきこさん（お連れ合いが僕と同じ高次脳機能障害の当事者さんです）、タイトル会議にまでお力を下さった鈴木成一デザイン室の鈴木成一さんと宮本亜由美さん、前著からの担当者・露木桃子さん、そして難しいテーマのこの一冊を刊行することを快諾くださいました晶文社の安藤聡さんに、この場を借りて深く御礼申し上げます。

鈴木大介（すずき・だいすけ）
子どもや女性、若者の貧困問題をテーマに『最貧困女子』（幻冬舎）などを代表作とするルポライターだったが、2015年に脳梗塞を発症。その後は高次脳機能障害者としての自身を取材した闘病記『脳が壊れた』『脳は回復する』（いずれも新潮社）や夫婦での障害受容を描いた『されど愛しきお妻様』（講談社）などを出版し、援助職全般向けの指南書『「脳コワ」さん支援ガイド』（医学書院）にて日本医学ジャーナリスト協会賞大賞受賞。

いのうえさきこ
だじゃれと酒を愛する片付けられない漫画家。最新刊は高次脳機能障害のパートナーとの日々を描いた『私、なんで別れられないんだろう』（秋田書店）。

発達系女子《はったつけいじょし》とモラハラ男《おとこ》
傷つけ合うふたりの処方箋

2021年3月30日　初版

著者　鈴木大介
漫画　いのうえさきこ
発行者　株式会社晶文社
〒101-0051 東京都千代田区神田神保町1-11
電話 03-3518-4940（代表）・4942（編集）
URL https://www.shobunsha.co.jp
印刷・製本　株式会社太平印刷社

ISBN 978-4-7949-7256-9　Printed in Japan

好評発売中

ウツ婚!!
石田月美

うつ、強迫性障害など様々な精神疾患を抱え、実家に引きこもり寄生する体重90キロのニートだった著者がはじめた「生き延びるための婚活」。婚活を通じて回復していく経験を綴る物語編と、その経験から得たテクニックをありったけ詰め込んだHOW TO編の2本立て。笑って泣いて役に立つ、生きづらさ解体新書。

医療の外れで
木村映里

生活保護受給者、性風俗産業の従事者、セクシュアルマイノリティ……社会や医療から排除されやすい人々に対し、医療に携わる人間はどのようなケア的態度でのぞむべきなのか。看護師として働き、医療者と患者の間に生まれる齟齬を日々実感してきた著者が紡いだ、両者の分断を乗り越えるための物語。

セルフケアの道具箱
伊藤絵美／イラスト・細川貂々

ストレス、不安、不眠などメンタルの不調を訴える人が「回復する」とは、セルフケアができるようになること。30年にわたってカウンセラーとして多くのクライアントと接してきた著者が、その知識と経験に基づいたセルフケアの具体的な手法を100個のワークの形で紹介。コロナ禍で不安を抱える人にも！

よかれと思ってやったのに
清田隆之（桃山商事）

恋バナ収集ユニット「桃山商事」の代表を務める著者が、1200人以上の女性たちの恋愛相談に耳を傾けるなかで気づいた、嫌がられる男性に共通する傾向や問題点。ジェンダー観のアップデートが求められる現代を生きるすべての人たちに贈る、男女のより良い関係を築くための〈心の身だしなみ〉読本！

自分の薬をつくる
坂口恭平

「悩み」に対して強力な効果があり、心と体に変化が起きる「自分でつくる薬」とは？　誰にも言えない悩みは、みんなで話そう。坂口医院0円診察室、開院します。2019年に行われたワークショップを誌上体験。コロナ禍が蔓延する現代日本に向けて、「非日常につける薬——あとがきにかえて」も書き下ろし掲載。

わたしはなにも悪くない
小林エリコ

うつ病、貧困、自殺未遂、生活保護、家族との軋轢…幾重にも重なる絶望的な状況を生き延びてきた著者。精神を病んだのは、貧困に陥ったのは、みんなわたしの責任なの？　苦難のフルコースのような人生を歩んできた著者が、同じ生きづらさを抱えている無数のひとたちに贈る「自分で自分を責めないで」というメッセージ。